MW01710468

BJØRN SORTLAND

POLAR DE L'ART 2

Mystère à Louxor

TRADUIT DU NORVÉGIEN PAR
MARIE-PIERRE FIQUET

ILLUSTRÉ PAR
TROND BREDESEN

oslo
jeunesse

Édition française : © 2008, Oslo Editions, Paris
115, rue Saint Dominique – 75007 Paris
Tél. : +33 (0)1 47 05 58 92 / Fax : (0)1 44 18 06 41
oslo.editions@gmail.com

Traduction : Marie-Pierre Fiquet
Relecture : Philippe Garnier
Mise en page : David Dumand

Édition originale : Luxor Mysteriet
© Texte : Bjorn Sortland, 2001
© Illustrations : Trond Bredesen, 2001
Première publication en 2001
par Aschehoug & Co, Oslo

ISBN : 978-2-35754-006-4
Dépôt légal : septembre 2008
Imprimé à Taiwan

1

CAUCHEMAR AVEC UNE MOMIE

Je ne sais pas où je suis. Devant moi s'étire un long couloir étroit et sombre. L'air est étouffant, il fait chaud. J'ai la bouche sèche comme si j'avais mangé plein de biscuits, j'ai du coton dans les

oreilles et n'entends presque rien. Et pourtant ? Il y a quelque chose, là, juste derrière moi. Quelque chose qui avance.
C'est peut-être un coup de vent ? Mais non, il n'y a pas de vent dans un couloir et d'ailleurs, je ne sais même pas si j'entre ou sors de ce couloir. Je m'arrête et me retourne rapidement. Oui, il y a bien quelque chose.

Une forme sombre au fond du couloir. Non, c'est autre chose, ça bouge. Ça ressemble à une forme humaine, mais le corps n'est pas comme d'habitude, il n'a pas vraiment de bras ni de jambes, seulement une vague forme humaine. Il s'approche de plus en plus et je voudrais bondir, mais mes jambes sont comme du plomb, et puis je vois sa tête, il n'a pas de nez, juste un trou noir à la place, un grand trou noir au-dessus de sa bouche aux dents jaunes et tachées. Et il n'a pas d'yeux, ou bien on dirait qu'ils sont tout desséchés. C'est une forme humaine, brune et noire en train de m'attraper et je hurle et je crie comme une fille – HAAAAAA...!

— CAROTTE ! s'écrie soudain une voix que je connais bien, CAROOOTTE !

— ... hein...!

Mon cri se termine en un hoquet. J'ouvre les yeux, extirpe de mes oreilles quelque chose de mou et de rose.

Ce n'est pas une momie qui m'attrape, mais ma grande sœur Sissel qui me secoue les épaules. Je sais bien que c'était un rêve mais j'ai peur quand même.

— Carotte, répète-t-elle. Réveille-toi ! Tu empêches tout l'hôtel de dormir avec tes hurlements.

Je m'assieds dans mon lit. L'air est toujours aussi étouffant.

— Il fait trop chaud, murmuré-je.

Sissel va ouvrir la fenêtre. L'air pénètre lentement dans la chambre, un air chargé de gaz d'échappement et des bruits de la ville. C'est pour ça que nous dormons la fenêtre fermée et que je me mets des boules Quies. Je suis dans une chambre d'hôtel, et dehors c'est Le Caire avec son vacarme et son air pollué.

Je reconnais petit à petit les lieux. Je me lève, avance dans la pièce et essaie de me débarrasser des restes de mon mauvais rêve. Il y a au moins quelque chose de réjouissant car, pour une fois, je n'ai pas fais pipi au lit. C'est pourtant ce qui arrive d'habitude quand je fais des cauchemars, même si j'ai dix ans. Je ne devrais pas lire les vieux exemplaires du *Journal de Tintin* de mon père avant d'aller me coucher, ou bien n'importe quoi d'autre en fait. J'ai le rêve tellement facile ! Sissel dit que j'ai une imagination en ébullition.

— Bonjour, dis-je en bâillant et en regardant ma montre décorée d'un Tintin sur sa moto. Déjà six heures et demie.

— Est-ce que cela t'arrive d'avoir un véritable *bon* jour ? demande Sissel en remontant sa couverture par-dessus la tête.

2

UN ANGLAIS ÉNIGMATIQUE

— Tu as réponse à tout, dit papa à maman.

Et c'est vrai que maman parle toujours, même si personne ne lui a rien demandé. Et pendant tout le trajet en taxi qui nous emmène vers Gizeh, elle n'arrête pas non plus de parler. Nous allons voir les pyramides, les grandes, celles que je n'ai vues que dans les livres, les films, les *Donald* ou les *Tintin*.

— On a d'abord cru en Europe que les pyramides étaient des silos à grain, explique maman. Vous vous souvenez de la mosaïque de la basilique Saint-Marc à Venise ? Il y avait des pyramides, car on croyait que le Joseph de l'Ancien Testament les avait fait construire pour servir de réserves à grain pendant les années de famine. Mais en fait, les pyramides sont des tombes pour les pharaons de l'Ancien Empire.

Il fait si chaud et moite que personne n'a vraiment le courage de l'écouter.

Le chauffeur de taxi augmente le volume

de la radio, et la musique envahit l'espace de la Peugeot noire à sept places. Cinq mètres en un quart d'heure, c'est la distance que nous avons parcourue, assis à l'arrière de notre taxi et trempés de sueur. La circulation est complètement bloquée, et toutes les voitures autour de nous klaxonnent à tout rompre.

C'est grâce à Thor que nous sommes en Égypte aujourd'hui, car on a décidé que chaque membre de la famille devait choisir une destination de voyage. On a tiré au sort pour savoir qui serait le premier à choisir et la seule règle est qu'on doit aller sur tous les continents. C'est notre deuxième voyage, pour le premier, nous étions en Italie. Papa est écrivain, et il travaille sur un projet qui s'appelle « Vacances en Famille ». C'était donc à Thor de décider où on irait, et il a voulu aller en Égypte à cause d'un *Donald* intitulé « Donald-ankhamon ».

— Ce sont les héros de bandes dessinées qui dirigent le monde aujourd'hui, a soupiré maman.

Mais elle était quand même bien contente en faisant les valises. Papa nous a fait faire à chacun un tee-shirt avec nos noms dessus, mais il n'y a que lui et maman qui le mettent. Il trouve ça sûrement dommage mais tant pis !

Enfin le taxi se remet à avancer, et un air saturé de gaz d'échappement entre dans la voiture.

— Je n'ai jamais rien vu d'aussi immense… commence Sissel.

On les aperçoit à plusieurs kilomètres de distance, elles sont gigantesques, les pyramides.

— Elles ne sont pas aussi lisses que dans mon *Donald*, dit Thor alors que nous approchons. (Et il prend deux photos

avec son petit appareil photo.) Elles ont des bosses.

Enfin nous sommes arrivés ! Il fait une chaleur épouvantable, mais maman enfile une chemise avant de sortir de la voiture.

— Je ne veux pas paraître indécente, dit-elle. Et tu devrais en faire autant, Sissel.

Papa paie le taxi et nous nous dirigeons vers une entrée où nous achetons des billets.

Là, maman s'arrête, sort de son petit sac son carnet à dessins et commence à faire des esquisses. À une buvette, papa achète un soda à tout le monde. Il y a sans arrêt des gens qui s'approchent de nous pour nous vendre quelque chose ou nous proposer un tour à dos de chameau le long des pyramides. Parmi eux, pourtant, il y en a un qui se distingue des autres. C'est facile de voir qu'il n'est pas égyptien, mais il n'y a pas que ça. Je trouve qu'il a l'air typiquement anglais et énigmatique, un peu comme dans les séries policières anglaises à la télé que je n'ai pas le droit de regarder parce que maman pense qu'elles font trop peur et me font faire de mauvais rêves. En plus, il a l'air d'une mouche avec ses grosses lunettes noires.

— Les pyramides, c'est pour les touristes, dit-il de sa voix nasillarde.

Il parle du nez. Il est vraiment vieux et décrépit aussi. Il est même obligé de s'appuyer sur une canne à tête de dragon.

Il regarde le dessin de maman.

— C'est à Louxor et pas au Caire qu'il y a des choses vraiment intéressantes, mais vous le savez sans doute, souffle-t-il par son nez.

— Heu… non, si… dit maman qui ne sait comment réagir. Oui, bien sûr, nous connaissons Louxor et ses trésors, je suis historienne d'art.

— Vous êtes Inga Bergvik, n'est-ce pas ?

— Oui, dit maman un peu désemparée.

L'homme sourit légèrement.

— Autrefois, les pyramides étaient toutes lisses, dit-il, certains disent qu'elles étaient couvertes de marbre mais que tout a été pillé au fil du temps.

Ce n'est pas facile de savoir à qui il raconte tout ça, parce qu'on ne peut pas voir ses yeux derrière ses grosses lunettes noires.

— Mais comme je vous l'ai dit, qui n'a pas vu Louxor n'a rien vu, continue-t-il en anglais. Vous êtes du reste douée en dessin, une véritable artiste, en plus d'historienne d'art.

Maman a l'air d'une adolescente de l'âge de Sissel en train de recevoir des compliments d'un prof.

— Justement, nous allons demain à Louxor, dit-elle en rangeant avec hésitation son carnet dans son sac.

— Ah bon ? murmure papa.

— Alors j'ai un bon tuyau pour vous loger, dit-il, je vous conseille de visiter la petite ville de Qurna sur la rive ouest du Nil, il y a là-bas une auberge sympathique et bon marché où vous pourrez séjourner.

Il donne une petite carte à maman.

— Demandez à un chauffeur de taxi *Ali's Inn*. La plupart savent que c'est juste à la sortie de Louxor.

— Merci beaucoup, répond maman en souriant.

— À bientôt, dit l'homme qui s'éloigne en boitant avec sa canne à tête de dragon. Au fait, je m'appelle Thomas Kirkby. Bonne journée !

— Sais-tu qui c'est ? demande papa après le départ de l'homme. Il connaissait même ton nom.

— Non, je ne crois pas, répond-elle.

— En tout cas, il est aussi énigmatique que le Sphinx, commente papa.

— Le Sphinx n'est pas si énigmatique que ça, en fait, car historiquement parlant… commence maman.

Puis elle s'arrête d'elle-même et regarde en l'air.

3

LA MALÉDICTION DE PHARAON

C'est soi-disant un de ces voyages où on improvise au fur et à mesure car papa n'aime pas tout planifier, mais je crois quand même qu'il avait prévu de rester plus longtemps au Caire.

— Mais puisqu'on devait voyager au gré de nos envies, dit maman pendant que papa proteste.

Et, comme d'habitude, c'est plutôt maman qui décide.

Donc nous partons vers le sud en direction de Louxor. Dans les films, ça a toujours l'air super de voyager en train à travers le désert, mais en réalité ça prend un temps fou et je crois bien que même papa s'ennuie : il n'arrête pas de sortir du compartiment en faisant de drôles de grimaces.

— Inga, j'ai des problèmes d'intestins, finit-il par dire. J'ai besoin d'un rouleau de papier toilette.

Ici en Égypte, il n'y a que des toilettes à la turque avec un petit tuyau à eau pour se laver le derrière après avoir fait ses besoins. Maman sort de son sac un rouleau de papier avec des cœurs dessus et le donne à papa.

— Peut-être que tu as attrapé la « malédiction de Pharaon », dit-elle. Il paraît que c'est une diarrhée très répandue chez les touristes car la flore bactérienne est tout autre ici que chez nous. On l'appelle aussi la tourista.

— Tu as attrapé la diarrhée de Pharaon ? demande Sissel en regardant papa.

— Sissel, enfin ! dit maman.

— La tourista ? dit Thor en levant les yeux de son *Donald*, et il se met à rire. La tourista ! La tourista !

Papa quitte à nouveau le compartiment.

— Comment le vieux à la canne et aux taches de rousseur a-t-il su le nom de maman ? chuchoté-je à Sissel.

— Ce sont ces affreux tee-shirts avec nos noms dessus, répond Sissel.

— Mais maman avait une chemise par-dessus le sien, dis-je.

— Et alors ? fait Sissel en bâillant car elle veut seulement dormir.

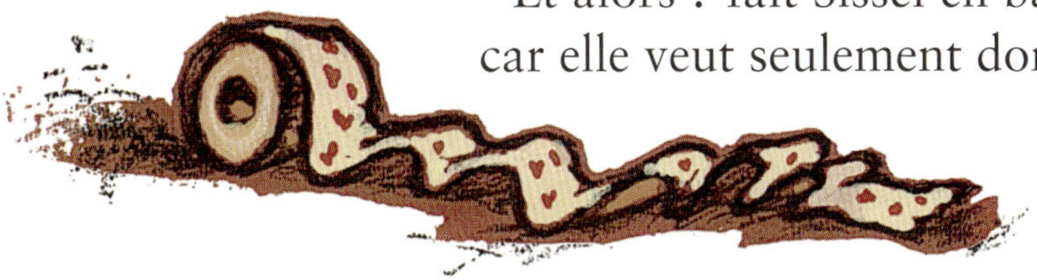

4

PAS SEULEMENT LA TOURISTA

Après de longues heures de train, nous arrivons enfin. Nous descendons tout raides et courbatus et papa a l'air complètement épuisé. Sur le quai, nous sommes littéralement assaillis. C'est peut-être parce qu'il y a peu de touristes en ce moment qu'ils nous veulent tous quelque chose. La seule que ça ne gêne pas, c'est Sissel. Faisant la timide, elle sourit surtout aux garçons qui la sifflent.

— Calèèèèèèche, calèèèèèche, nous crient les cochers.

Nous sommes fatigués et nous sautons dans un de ces attelages à voiture noire. Maman demande au cocher de nous emmener jusqu'à l'embarcadère et personne ne proteste car il faut traverser le Nil pour atteindre Qurna sur la rive ouest. C'est bien maman qui a eu le dernier mot.

Nous traversons le fleuve sur un petit bac rudimentaire, vieux et un peu rouillé qui sert à tout transporter.

— Est-ce que quelqu'un sait où se trouve *Ali's Inn* ? demande maman en montrant à quelques personnes la carte de l'Anglais.

Aussitôt, un homme à lunettes de soleil fait oui de la tête et dit qu'il peut s'occuper du transport. J'ai l'impression que les autres personnes s'éloignent un peu mais je me trompe peut-être, car quelque chose d'autre retient mon attention juste à ce moment-là.

La traversée est rapide, mais je trouve qu'elle dure une éternité, car j'ai comme une bombe dans le ventre qui risque d'exploser à tout instant.

— Je ne sais pas si je vais pouvoir… Non, il faut que… marmonné-je au moment où le bateau accoste en faisant un bruit sourd. Je crois que moi aussi j'ai attrapé… la « malédiction de Pharaon » !

— Tu as la tourista toi aussi ? demande Sissel.

— La tourista ! répète Thor en se remettant à rire.

Sans attendre les autres, je saute par-dessus un petit chien noir et deux cages à poules, fonce sur la rive, regarde à droite et à gauche, aperçoit une grosse pierre et, arrivé derrière, je baisse mon pantalon et m'accroupis. Tant pis ! Heureusement que personne ne me voit et que j'ai une vieille serviette en papier dans ma poche.

Je reste là un certain temps et j'entends maman et les autres descendre du bateau. Juste avant d'avoir fini, j'entends une voiture et quelqu'un qui commence à parler à papa.

— Non, laissez-moi ! dit soudain la voix de Sissel.

— Mais c'est incroyable ! dit maman.

Ils parlent vite et je ne comprends pas la moitié de ce qu'ils disent. Seulement quelque chose avec *Ali's Inn*.

Tout à coup, j'ai encore plus mal au ventre mais ce n'est plus la tourista. Il se passe quelque chose d'anormal, je me dépêche de terminer et jette la serviette.

— Laissez-nous tranquilles ! crie papa d'un ton à la fois fâché et inquiet. Nous ne voulons pas monter avec vous !

Je me relève tout doucement pour voir mais ne distingue pas bien ce qui se passe dans la pénombre, et mon cerveau met du temps à comprendre ce que mes yeux voient : les silhouettes de papa, maman, Thor et Sissel tirées de force vers une camionnette rouillée et sombre.

Trois hommes les obligent brutalement à monter sur le plateau arrière sous une bâche qui sert de toit. Tout ça se passe à la fois très vite et très lentement. Je crois que l'un des hommes est celui du bateau, les deux autres, je ne les ai jamais vus. D'ailleurs ils ont tous le visage à moitié couvert.

— DAVID ! DAVID ! C'est la dernière chose que maman a le temps de crier.

Les individus sautent dans le véhicule et démarrent sur les chapeaux de roues. Je relève la tête encore une fois mais ne vois plus personne nulle part, seulement l'arrière d'une camionnette qui disparaît à toute vitesse.

C'est comme si quelque chose de blanc me traverse tout le corps : un éclair de frayeur. Je suis tout seul, tout seul au monde, et la seule chose que j'entends, c'est le tonnerre de mon cœur qui bat.

5

À TOUTE VITESSE

J'ai la bouche très sèche, mes bras et mes jambes sont comme paralysés et mon cerveau ankylosé. Papa, maman, Sissel et Thor ont forcément compris que j'avais une envie très pressante et ce n'est pas possible qu'ils soient partis sans moi, donc il s'est passé quelque chose de grave : ***on a kidnappé ma famille !*** Et cette fois, il ne s'agit plus d'un mauvais rêve dont je peux m'échapper en me réveillant.

Je ne sais absolument pas depuis combien de temps je reste là à fixer les feux arrière rouges de la camionnette, ni ce qui se passe vraiment, ni ce que je dois faire. Il n'y a que cette route devant moi qui disparaît au loin dans… le désert.

Je regarde ma montre sans que ça m'aide en quoi que ce soit. J'essaie de faire fonctionner mon cerveau mais j'ai si peur que je n'arrive pas à réfléchir, alors je me mets à courir sur la route dans la nuit sans la moindre idée d'où aller. Je veux seulement les retrouver.

Je cours jusqu'à avoir un goût de sang dans la bouche, mais je suis assez faible et n'avance pas bien loin. Le véhicule a disparu depuis longtemps.

Tout à coup, j'entends de la musique derrière moi, une voiture arrive. Si ce sont les bandits, ils peuvent bien m'emmener, je m'en moque complètement !

— Que fais-tu là tout seul dans un endroit pareil ? demande le conducteur par la fenêtre.

— Ils… ont emmené toute… ma famille. Ils… ils sont partis par là, dis-je en montrant la route devant nous. Maman, papa et…

— Qui a fait ça ? demande l'homme.

— Des… bandits, répondis-je, dans… une… une… vieille camionnette.

J'ai la bouche tellement sèche que j'arrive à peine à articuler. L'homme ouvre la portière.

— Monte !

Et avant que j'ai le temps de m'asseoir et de refermer la porte, l'homme démarre si brusquement que les danseuses du ventre accrochées à son rétroviseur en ont le mal de mer.

— Je m'appelle Abdel, dit le chauffeur. N'aie pas peur, ils ne peuvent pas être bien loin.

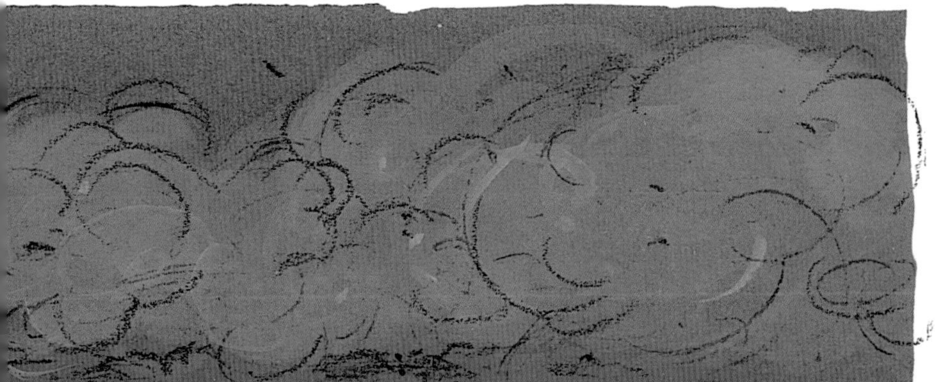

Je n'ai pas le choix, je suis obligé de faire confiance à ce fou du volant.

Nous roulons à toute allure et j'imagine le pire. De temps en temps, Abdel fait des appels de phares et échange quelques mots avec les automobilistes arrivant en sens inverse. On dirait qu'il les connaît tous. Puis on repart, à cent à l'heure au moins !

— Mon Dieu, faites qu'il ne leur arrive rien, prié-je tout bas, et que nous n'ayons pas d'accident !

6

UN AVERTISSEMENT

Je ne sais pas depuis combien de temps nous roulons, dix minutes peut-être ou bien une heure. Je ne regarde plus ma montre.

— Là-bas ! finit par hurler Abdel en mettant la pédale au plancher comme dans les films. Il klaxonne et fait des appels de phares jusqu'à ce que les feux stop de la voiture de devant s'allument.

Abdel ralentit enfin un peu car à trente mètres devant nous, la camionnette s'est arrêtée.

Une ombre en sort tout à coup et va soulever la bâche à l'arrière. Quatre formes humaines sont jetées à terre avant que la camionnette ne redémarre à toute vitesse. Le tout n'a pas duré plus de cinq secondes.

Ils sont là dans le noir à essayer de se repérer, à ne pas savoir où aller.

Abdel et moi sortons de la voiture et courons dans leur direction. Enfin ils bougent eux aussi et se dirigent vers moi : Thor dans les bras de papa et Sissel un peu à la traîne.

— C'était horrible, absolument horrible ! dit maman en me prenant dans ses bras.

Et on s'embrasse et on se serre dans les bras les uns des autres car nous avons eu tous très peur.

— On pensait tout le temps à toi, sanglote maman.

— Et moi qui ai la tourista, dit papa. Je me déshydrate complètement. Est-ce que quelqu'un a de l'eau ?

Abdel hésite entre suivre les bandits ou rester avec nous. Il choisit la deuxième solution.

— Mon petit ! dit maman en m'embrassant encore et encore. C'est fini, c'est fini. Tu t'es bien débrouillé, c'est toi qui nous as délivrés !

— Mais qu'est-ce qui s'est passé en fait ? demandé-je.

— Ils n'ont pas dit un mot en nous embarquant de force. On a roulé, ils se sont arrêtés tout à coup puis nous ont relâchés ici. Ils ont aussi proféré des menaces dont je n'ai pas compris un mot. C'était affreux.

— Ils n'ont pas osé nous garder plus longtemps quand ils ont compris que quelqu'un les suivait, dit Sissel. Ils croyaient sûrement que c'était la police, et je suis persuadée qu'ils voulaient surtout nous effrayer.

— J'ai eu tellement peur, dis-je en me mettant à pleurer dans les bras de maman, et tant pis si je ne peux plus m'arrêter.

— Allez, David, ça va aller maintenant, dit Sissel, pense que c'est grâce à ta tourista que tu as pu nous sauver !

Nous montons tous dans la voiture d'Abdel qui ne dit rien. Maman essaie de tout lui expliquer, mais ce n'est pas si simple non plus et pour finir, elle sort la carte de visite de *Ali's Inn*.

— Savez-vous où c'est ? demande-t-elle.

Abdel fait oui de la tête et j'observe son visage, mais il reste impassible. Je ne suis pas sûr que ce soit bien malin d'agiter cette carte de visite à tout propos. Après tout, c'est elle qui a tout déclenché.

— Je suis certain qu'ils n'avaient pas vraiment l'intention de nous faire du mal. Ils voulaient seulement nous donner un avertissement, dit papa.

— C'était super dur d'être par terre à l'arrière de la camionnette, dit Thor.

Tout blêmes et exténués dans le grand taxi d'Abdel, nous réfléchissons à ce qui va se passer maintenant et à l'avertissement qu'on nous a donné.

— Vous avez besoin de vous changer les idées, et je pense que la chanson *Hebbîna Hebbîna* de Farid El Atrache est juste ce qu'il vous faut, dit Abdel en glissant la cassette dans le lecteur.

— Demain matin, nous irons à la police pour déposer plainte, dit papa.

7

ALLEZ-VOUS-EN !

À peine une demi-heure plus tard, nous atteignons *Ali's Inn*. Je suis mort de fatigue après tout ce qui s'est passé aujourd'hui et je voudrais dormir. Mais je me réjouis trop tôt.

— Allez-vous-en ! Allez-vous-en ! Il n'y a rien pour vous ici. Allez-vous-en ! nous crie un homme devant l'entrée modeste de l'auberge.

Il a le visage couvert et nous observe. Il essaie de nous faire fuir comme si nous n'étions qu'un vulgaire troupeau de moutons. Peut-être que les gens de Qurna ne sont pas aussi accueillants que le mystérieux Anglais voulait nous le faire croire.

— J'ai impérativement besoin d'aller aux toilettes ! dit papa d'un ton décidé en passant à côté de l'homme qui nous regarde méchamment.

Nous nous engouffrons dans l'hôtel derrière papa.

8

UN MESSAGE SUR LE MIROIR

À l'intérieur, dans ce qui doit être la réception, c'est presque vide. « L'auberge d'Ali » est une petite bâtisse aux couleurs gaies à l'extérieur mais à l'intérieur, c'est sombre et plutôt sinistre : il n'y a qu'une seule lampe d'allumée au fond du couloir.

On dirait qu'il n'y a pas beaucoup de clients, mais ce n'est pas très étonnant avec l'accueil qu'on nous réserve.

Papa fait sonner trois fois la petite cloche sur le comptoir, mais personne ne vient.

— Ohé ! crie maman.

Enfin, une porte s'ouvre et une jolie petite femme brune arrive. Elle a l'air un peu effrayée.

— *Massa' el khêr,* dit papa.

Ça veut dire *bonsoir.* Il a sûrement potassé quelques mots d'arabe dans le guide de maman.

— *And now I have to go to the toilet.*

La dame acquiesce et montre une petite porte à côté de ce qui ressemble à une salle à manger.

— Nous voudrions passer deux nuits ici, dit maman en cherchant les passeports. Il nous faudrait deux chambres, est-ce possible ?

— Tout est pris, marmonne la dame dans un anglais très correct.

Mais visiblement, elle ne sait pas mentir. Il y a quatre clefs pendues à leur clou dans une petite armoire et sur le comptoir, la page du registre des clients est blanche.

— Est-ce qu'on pourrait parler à Ali ? demande maman.

— Mon mari… n'est pas là… pour le moment. Je suis désolée, mais nous attendons d'autres clients, ajoute-t-elle rapidement.

— Ce n'était pas malin de venir ici, on n'est pas vraiment les bienvenus, chuchote Sissel.

— Nous avons été agressés et dévalisés, avons roulé longtemps et tout ça avec des enfants en bas âge, insiste maman en montrant Thor... et moi. Ils sont fatigués, exténués.

Je n'aime pas trop que maman me considère comme un enfant en bas âge, mais ce n'est pas le plus important pour le moment.

La dame nous regarde d'un œil fuyant.

— D'accord, mais une seule nuit, finit-elle par dire d'une voix désespérée. Nous ne servons pas de repas et vous devrez quitter les lieux de bonne heure.

— Merci, dit maman en nous inscrivant sur le registre, et la dame lui donne deux clefs.

— Il n'est pas très chouette, l'endroit que l'Anglais nous a recommandé, dit papa irrité une fois arrivés dans nos chambres. Ils devraient nous accueillir à bras ouverts, après tout on est hors saison, soupire-t-il en regardant maman.

Et Sissel aussi ronchonne :

— Et pourquoi on est venus ici ? Si au moins on habitait au centre de Louxor.

Maman ne répond pas. Sissel et papa soupirent encore, et leur mauvaise humeur est contagieuse.

— Je suis horriblement fatigué, déclare papa tout à coup en s'affalant sur le lit pendant que Thor saute dessus.

Je trouve que papa est très stressé en ce moment. Son premier livre sur l'Italie n'a pas très bien marché, l'éditeur n'a pas soutenu le projet autant que prévu, et il n'est pas sûr que la série « Vacances en Famille » continue. Je n'ai pas la moindre idée de ce qui va se passer et papa n'en parle pas beaucoup, mais je crois bien que cela le tracasse. Et maman est un peu dingue : elle a peur que papa ne dorme pas assez, donc elle a toujours un tas de somnifères avec elle et elle lui en donne de temps en temps. Mais la plupart du temps, ils sont cachés dans la trousse de toilette de Sissel, et c'est idiot car je ne crois vraiment pas que papa ait envie d'en faire une *overdose*. D'ailleurs, il dort toujours comme un loir, avec ou sans somnifères.

— Je vais prendre une douche et me coucher, annonce Sissel en disparaissant dans l'autre chambre, celle que nous allons partager, elle et moi.

Je m'assieds sur le lit pour lire des histoires de Donald à Thor, et je me dis que la journée que nous venons de vivre avec les bandits et tout le reste est encore plus irréelle que la bande des Rapetou à Donaldville.

— VENEZ VOIR !

D'habitude Sissel aime être tranquille dans la salle de bains, se doucher pendant des heures et vider le ballon d'eau chaude. Alors, que se passe-t-il ?

Après tout ce qui nous est arrivé aujourd'hui, on est un peu énervés et on se dépêche d'aller voir.

— Quoi ? Qu'est-ce qu'il y a ? Je ne vois rien, dis-je en passant la tête dans le brouillard de la salle de bains.

— Regarde là !

Sissel a les cheveux qui dégoulinent, elle s'est drapée dans une serviette et m'indique le miroir.

Et là, on comprend ! La vapeur d'eau a couvert le miroir de buée et fait apparaître ce que quelqu'un a écrit avec son doigt en grosses lettres mal formées mais très lisibles : *2701 HELP 2 CHILDRN THAT ARE PRISONRS !*

— Qu'est-ce que ça peut bien vouloir dire ? demande maman.

— Ils ont mal orthographié les mots *children* et *prisoners,* dit papa sur un ton important.

— Ça, on avait remarqué, réplique Sissel, mais ça ne nous empêche pas de comprendre la phrase : « Aidez deux enfants qui sont prisonniers ! » L'important est de savoir qui sont ces enfants.

— Et qui a écrit ce message ? Un enfant ? Ou un adulte qui ne sait pas bien l'anglais ? demande maman.

Je m'approche du miroir.

— 2701 ? Je me demande bien ce que ça veut dire.

— C'est la date d'hier, dit Sissel.

— Mais il n'y a pas d'année, dit maman, ça

peut dater de l'année dernière, c'est sûrement des bêtises, les enfants aiment écrire partout.

— Justement, on dirait que ça a été écrit par un enfant, dit Sissel.

— Et si c'était vrai, dit papa, si quelque chose s'était vraiment passé ?

— Quoi par exemple ? demande maman.

— Que des enfants ont été faits prisonniers, dit papa.

— Tu crois vraiment, Knut ?

— Hou… hou, dit Thor d'une voix qui fait peur, c'est peut-être Mimmi-la-Momie.

— Je descends discuter un peu avec la dame de la réception, annonce papa, ils exagèrent un peu ! En plus, j'ai faim, ils doivent bien avoir quelque chose à manger.

— Et nous, on va dormir, dit maman. Il est tard et je me sens incapable de revivre des aventures comme celle de Venise*, alors Sissel et David, vous restez tranquilles dans votre chambre et Thor a besoin d'aller dormir.

— Non j'ai pas besoin, dit Thor en sentant bien qu'il va se passer quelque chose d'intéressant.

Maman, papa et Thor retournent dans leur chambre pendant que je ferme la nôtre à clef, c'est plus sûr.

— Qu'en penses-tu ? demandé-je.

— Je sais pas, répond Sissel en déballant ses affaires, c'est sûrement quelqu'un qui avait envie de faire des graffitis sur le miroir.

— C'est quand même affreux tout ça : l'homme devant l'auberge, les bandits en voiture et ce message. Ils avaient des pistolets, des couteaux ?

— Non, ce n'était pas si terrible que ça. Toi et ton imagination ! dit Sissel en essayant d'être cool.

Dix minutes plus tard, papa frappe à notre porte pour nous dire bonne nuit et je lui ouvre.

— La dame de la réception s'est mise à pleurer quand j'ai parlé du miroir, elle a marmonné quelque chose que je n'ai pas compris, puis elle a dit qu'elle allait le nettoyer. Mais on éclaircira tout ça demain, dit papa. Et si jamais vous n'arrivez pas à dormir, venez dans notre chambre.

— Ça va aller, dis-je, en refermant à clef et en calant une chaise contre la porte.

*Voir les Polars de l'Art 1, *Mystère à Venise*.

9

UN OS DE CADAVRE

— Mais dis-moi Sissel, chuchoté-je, il doit y avoir un rapport entre cet hôtel, l'Anglais, le message sur le miroir et…

— David ! Je veux dormir, et maintenant !

Elle éteint la lumière.

Je reste allongé un certain temps dans le noir à réfléchir mais sans résultat, et je me demande si je ne ferais pas mieux d'aller chiper un somnifère dans la trousse de toilette de Sissel. Mais la seule idée de me lever m'épuise tellement que je m'endors enfin.

Je dors mal cette nuit-là, et suis à moitié réveillé par des rêves bizarres, comme si je n'arrêtais pas de zapper sans pouvoir me décider à choisir une chaîne.

Lorsque enfin je me suis endormi pour de bon, on frappe à la porte.

— Le petit déjeuner est prêt, les enfants ! s'écrie papa, on descend manger.

Je bâille, m'étire, me sens complètement fatigué et pourtant, en regardant ma montre, je suis bien obligé de constater qu'une nuit entière s'est écoulée. Je me lève avec une faim de loup en réfléchissant que je n'ai pour ainsi dire rien mangé depuis notre voyage en train d'hier. Mon ventre va mieux, du moins je le crois, je me sens seulement un peu faible. J'entraîne Sissel avec moi et nous descendons. Il n'y a que nous dans la salle de restaurant, et tout est prêt sur la table. Le petit déjeuner est très simple : des gâteaux avec du sucre sur le dessus, on dirait presque des bonbons, et du thé ou du café dans des verres.

— Vous vous brosserez bien les dents après, nous dit papa en nous distribuant un coca à chacun, c'est pas souvent qu'on a ça au petit déjeuner.

C'est tout juste si la dame d'hier passe la tête par la porte pour nous parler.

— Il faut que vous partiez après le petit déjeuner. Tout est réservé pour ce soir et nous devons nettoyer et préparer les chambres.

Ce matin, son visage est caché derrière un voile et on ne voit que ses yeux.

— Pas même une toute petite chambre de libre ? demande papa.

— Non, tout est pris, un groupe d'Allemands arrive et toutes les chambres sont occupées. Maintenant, il faut partir. Nous devons nettoyer et préparer les chambres, répète-t-elle en quittant la pièce.

— En voilà des manières ! commente maman en remuant son thé, énervée.

— Qu'est-ce qu'on fait aujourd'hui ? demande Sissel en scrutant les gâteaux d'un regard sceptique car elle a toujours peur de grossir.

Tout à coup, et comme en réponse à sa question, un homme à casquette fait irruption dans la pièce et se dirige tout droit vers notre table. Il n'a pas vraiment l'air égyptien non plus.

— Ça vous intéresse un guide ? demande-il en anglais en se curant les dents avec un cure-dent. Je m'appelle Ronald et je sais tout ce qu'il faut savoir de la région. J'ai une petite agence de voyages et je guide souvent les touristes.

— Oui, merci ! s'empresse de répondre maman, enfin quelqu'un qui nous propose quelque chose !

— Il a des dents pas belles, dit Thor tout haut.

Je suis content que l'homme ne comprenne pas le norvégien. Nous terminons notre petit déjeuner et quittons la table.

— Vos bagages, dit la dame voilée.

Elle sursaute en voyant l'Américain.

— Ils les prendront plus tard, dit Ronald d'un ton décidé.

Je crois voir qu'il lui lance un regard furieux.

Même si on n'aperçoit que les yeux de la femme

voilée, je suis prêt à parier qu'ils expriment la peur. Mais peut-être que je me trompe, car j'ai une imagination en ébullition, comme dirait Sissel.

La dame baisse les yeux et disparaît.

— C'est parce qu'il faut se mettre en route avant qu'il fasse trop chaud, explique Ronald en enfonçant sa casquette sur ses yeux. Si nous voulons voir la Vallée des Rois et des Reines, le temple d'Hatshepsout et tout le reste, il nous faut du temps. Ici on se promène le matin car la chaleur est déjà insupportable en fin de matinée.

— C'est raisonnable, dit papa.

— Mais nos passeports et ton ordinateur portable, intervient maman, on va vraiment les laisser ici ?

— On va s'arranger, dit papa. De toute façon, c'est mieux de les laisser ici que de les emmener dans le sable.

— Très juste, dit l'Américain en écrasant son cure-dent dans un cendrier.

Peut-être qu'il est en train d'arrêter de fumer ?

Puis nous sortons. Papa monte à l'avant et Ronald démarre la jeep marron avec une petite pancarte où est écrit *Theban Travels* au feutre noir. On dirait de la publicité pour couches-culottes dans les supérettes.

— Est-ce qu'on peut commencer par la Nécropole des Nobles ? demande maman pendant que nous nous engageons sur un chemin qui semble s'enfoncer indéfiniment dans le désert.

— La plupart des tombes sont fermées en ce moment, marmonne Ronald en mâchant un nouveau cure-dent. Mais vous pouvez toujours regarder ce qu'il y a.

Il arrête la jeep après un moment.

— On n'a pas énormément de temps, dit-il agacé.

Nous sortons de la voiture en hésitant et maman regarde une carte qu'elle avait dans son sac.

— Venez, dit-elle. Voici la tombe de Sennefer en personne. Il a été maire de la Thèbes antique et sa tombe est particulièrement connue pour les sarments de vigne qui ornent son plafond bosselé.

Maman nous invite à descendre et c'est vraiment très beau à regarder. Mais à peine quelques minutes plus tard, Ronald nous rappelle de sa voix perçante.

— Quel casse-pied ! s'indigne maman.

Nous remontons quand même et Ronald nous attend à l'entrée de la tombe, il a un sac dans les mains. Il en sort quelque chose… quelque chose de blanc et de sale et… Est-ce que c'est vraiment…?

— J'ai trouvé ça par hasard, pas loin d'ici. Vous la voulez comme souvenir, cette demi-momie ?

demande-t-il en tendant la moitié d'un squelette. Il lui manque la tête, quelques côtes et une main, mais ce sont quand même les restes de quelqu'un.

— Est-ce que c'est un vrai ? chuchote Sissel.

— Bien sûr !

— Est-ce que c'est un pharaon ? demandé-je.

— Non, ricane Ronald en mâchant son cure-dent de plus belle. C'est juste un ouvrier, qui travaillait sans doute à la construction des tombes ou décorait les chambres funéraires des riches. Il lui manque la tête, ajoute-t-il après avoir cherché dans le sac.

— Je croyais que les momies étaient enveloppées de bandelettes, dit Sissel en reculant de deux pas.

— Ici il n'y a plus que des squelettes éparpillés çà et là.

— C'est indigne, explose maman, rougissant de colère. Indigne et irrespectueux ! Que fait-il là, ce squelette ? Les morts ont le droit de reposer en paix dans leur tombe !

— Y en a plein comme lui. Peut-être qu'il est mort parce qu'on ne voulait pas qu'il parle. On dit que les pharaons et les nobles faisaient très attention... à ce que les ouvriers meurent... par hasard pour qu'ils ne puissent pas dire où étaient cachés les trésors. Les artistes qui décoraient l'intérieur des tombes étaient tués, eux aussi. C'est dangereux de connaître trop de secrets ou d'être trop curieux.

Ronald nous parle de sa voix monotone en nous fixant, et je m'aperçois tout à coup que son regard est glacial sous sa casquette. Un frisson me parcourt le dos.

— Il ressemble pas du tout à Mimmi-la-momie, annonce Thor en regardant d'un air sceptique les restes du squelette.

— Il n'est pas très sympathique, murmurai-je en norvégien. Je veux rentrer à l'auberge.

— Presque tous les autres sites sont fermés maintenant, dit Ronald en jetant le squelette dans le sable.

C'est que la région est peu sûre en ce moment, il y circule des gens douteux. Surtout à *Ali's Inn*, c'est un repère de truands et d'assassins, ajoute-t-il en crachant son cure-dent.

— C'est vrai ? demande maman en ouvrant de grands yeux.

— Ouaip ! Mais comment avez-vous fait pour atterrir là ? Tout le monde sait bien que c'est un nid de vipères.

Il fixe froidement papa et maman qui ressemblent à deux écoliers pris en faute.

— Le mieux pour vous serait de retourner à Louxor même. Nous ne sommes pas très loin des embarcations qui traversent le Nil. J'irai chercher vos bagages et les ferai transporter cet après-midi à l'hôtel du Palais d'Hiver au plus tard à cinq heures.

— Mais… commence à protester papa.

— Knut, retournons en ville, intervient maman rapidement.

— J'vous avertis que pas mal de gens ayant séjourné à *Ali's Inn* ont disparu dans la nature et qu'on les a jamais retrouvés, dit-il. Vous avez d'la chance d'en être sortis. Nous, à *Theban Travels*, on déconseille à tous nos clients d'y aller.

Il blague ce Ronald ? Et puis d'abord, est-ce que c'est vraiment son nom ? On dirait un mafieux sorti d'un film. Je sens à nouveau un frisson me parcourir le dos. Les autres n'ont pas l'air très fiers, eux non plus.

— Ça revient, dit papa tout à coup en sautant derrière de gros blocs de pierre.

Maman soupire et porte son attention sur une des tombes avoisinantes en attendant que papa ait terminé.

— Cette fois, on s'en va, dit-elle lorsqu'enfin il réapparaît. On aurait mieux fait d'aller à Assouan.

Ronald nous emmène dans sa jeep jusqu'à l'embarcadère sans dire un mot. Il ne veut même pas qu'on le paye et s'assure seulement que nous sommes bien montés sur le bac.

Nous ne parlons pas beaucoup pendant la traversée et pensons tous au squelette ou à pire encore. Est-ce que c'était un vrai ?

Ronald au cure-dent, posté sur la rive, nous suit de son regard glacial.

Débarqués sur l'autre rive du fleuve, nous prenons la première et la plus belle calèche pour entrer dans Louxor. La bonne ambiance de vacances a disparu depuis longtemps, et je ne peux m'empêcher d'imaginer les pires choses : bandits, assassins, enfants prisonniers et maltraités, squelettes sans tête. Mais pourquoi ?

C'est sûrement que des bêtises, des choses sorties de mon imagination en ébullition. Parfois ce n'est vraiment que de l'imagination.

Mais parfois, non.

10

NOUVELLE RENCONTRE AVEC LES LUNETTES NOIRES

— Oublions toutes ces horreurs maintenant, dit maman au moment où nous arrivons au centre-ville. Allons à Carnac !

— Peut-être qu'on devrait d'abord aller à la police, marmonne papa.

— Visitons Carnac pendant qu'il fait encore jour, réplique maman.

Et, comme souvent, on fait comme maman a décidé.

Le cocher nous emmène un peu plus loin et s'arrête devant un immense terrain qui fut autrefois le plus grand temple du monde. Dès l'entrée de Carnac, je réalise qu'il y a une quantité impressionnante de vieilles pierres et qu'il va falloir marcher longtemps. Je me sens faible et fatigué. Mon estomac est raplapla et mes jambes flagada. Mais maman a l'air très enthousiaste, ça se voit au rouge de ses joues, et elle va vouloir tout parcourir. Ça va prendre un certain temps.

— J'attends à l'entrée, dis-je, je suis fatigué, je voudrais m'asseoir à l'ombre et boire un coca.

— Moi aussi, dit papa, nous les victimes de la tourista avons le droit de nous ménager.

— Vous êtes sûrs ? demande maman d'un air un peu déçu tout en comprenant que nous n'avons pas la force de faire la visite.

Et comme pour répondre à la question de maman, papa retourne à toute vitesse aux toilettes pendant je m'installe à une buvette et commande un soda.

Et là, à quelques mètres devant moi, j'aperçois une silhouette connue près d'une cabane où on peut acheter des souvenirs et des cartes postales. Je me lève et me glisse à ses côtés. Il est là, debout et plisse les yeux pour observer maman, Sissel et Thor qui s'éloignent.

C'est lui, c'est Thomas Kirkby. Cet Anglais mystérieux qui n'est pas moins mystérieux après tout ce qui nous est arrivé. Je sens un frisson dans le dos. Qui est-il, avec sa canne à tête de dragon et ses horribles lunettes de soleil ? Il est trop vieux et délabré pour me faire du mal, mais je ne le connais pas vraiment non plus.

— Vous cherchez quelqu'un ? demandé-je.

Il sursaute et se retourne lentement. Il est décidément trop vieux pour se promener tout seul.

— Oh !… C'est toi ? J'avais dit que j'allais à Louxor, commence-t-il.

— Vous nous suivez, dis-je d'une voix que j'aurais voulue assurée, mais je sens bien que je n'y arrive pas.

— *Yes*… c'est vrai.

Thomas Kirkby enlève ses lunettes et son regard est plutôt gentil, comparé à celui de Ronald ou celui de l'homme qui nous a chassés devant l'auberge.

— Je vais t'expliquer, dit l'Anglais en se raclant la gorge. Tu as le temps ?

— Oui, répondis-je.

Je vais enfin pouvoir en savoir un peu plus.

— En fait, je suis un archéologue à la retraite et tous les ans je viens à Louxor. Je trouve que c'est l'endroit le plus beau de la terre. Depuis sept ans, j'ai l'habitude de séjourner à l'auberge d'Ali, car je suis à proximité de tout ce qui m'intéresse, et Ali et sa femme sont devenus mes amis. Ali sait beaucoup de choses sur l'Égypte ancienne et il m'a beaucoup montré. Mais cette année quand je suis arrivé, il était parti et je n'ai pas pu habiter à l'auberge.

L'Anglais mordille une branche de ses lunettes.

— Fatima m'a fermé la porte au nez et j'ai dû

aller ailleurs. Elle avait l'air d'avoir peur et faisait comme si elle ne me connaissait pas. Alors je suis parti pour Le Caire où j'avais de toute façon un petit travail à faire, et c'est comme ça que je vous ai rencontrés à Gizeh. Et, oui c'est vrai, je vous ai recommandé l'auberge d'Ali pour que vous alliez voir ce qui s'y passe.

— Pourquoi n'y êtes-vous pas retourné vous-même ? demandé-je.

Thomas Kirkby met sa main sur son cœur.

— Regarde-moi ! Je suis bien trop vieux et trop faible pour trouver quoique ce soit. C'est tout juste si j'arrive encore à faire des fouilles dans le sable. S'il est arrivé quelque chose à Ali, je me suis dit que des gens plus jeunes devraient l'aider. Il s'est passé tellement de choses dans la région ces derniers temps. Le terrorisme et le banditisme. Il y a quelques années, un groupe de touristes a été tué juste devant le beau temple de la reine Hatshepsout. C'est difficile de savoir à qui on peut faire confiance.

Tout à coup, il remet la main à sa poitrine et de l'autre sort un petit comprimé d'une petite boîte qu'il avait dans sa poche.

— C'est de la nitroglycérine, dit-il en avalant le médicament. Mon cœur non plus n'est plus en très bon état.

J'espère vraiment que papa va revenir bientôt.

— Ça m'a pris tout à coup de vous envoyer là-bas dans l'espoir que vous trouveriez quelque chose qui puisse aider Ali et sa famille. Je... ne sais pas. C'était idiot de ma part mais je ne vais plus vous embêter. Salue ta famille pour moi, ta mère a l'air fort sympathique.

— Attendez, dis-je, nous y sommes allés à l'auberge d'Ali, mais dès que maman a sorti la carte de visite de l'auberge, tous nos ennuis ont

commencé. On nous a menacés et tout et tout. Certains disent qu'Ali est un véritable escroc et ça en a tout l'air. On a eu plusieurs avertissements et il y avait un message sur le miroir.

Je lui raconte ce que nous avons déchiffré.

Thomas Kirkby me regarde d'un air étonné.

— Non, non, ce n'est pas possible, pas Ali. Il se peut qu'il ait été embarqué dans quelque chose, mais ce n'est pas un escroc.

— Embarqué dans quoi ? demandé-je. Vous soupçonnez quelque chose ?

— Hmm, commence-t-il. J'ai souvent craint que cela arrive. Ne le répète pas, mais vois-tu, Qurna a été construite sur une nécropole des temps pharaoniques où sont enterrées toutes sortes de personnes respectables, des astronomes jusqu'aux gouverneurs. Les autorités ont essayé de faire déplacer les gens, comme par exemple, Ali et sa famille, parce que l'eau des égouts s'écoule dans les anciennes tombes. Mais les habitants de Qurna se considèrent comme les descendants de ceux qui ont construit la nécropole, et ils pensent que c'est leur droit de vivre là. Ils ont probablement rassemblé un véritable trésor au fil du temps et possèdent sans doute une précieuse collection ignorée des musées et des autorités. Il ne me l'a jamais dit directement, mais il se peut qu'Ali ait ce genre de trésor caché quelque part. Beaucoup considèrent cela comme un héritage qui leur appartient, mais pas l'État égyptien. Et personne ne sait vraiment s'ils possèdent un tel trésor, ou en tout cas, personne ne s'en préoccupe. Ce n'est pas la police qui représente un danger pour eux, mais les escrocs.

— Qui ça ? demandé-je.

— Les trafiquants d'art à l'échelle internationale, répond l'Anglais. Ils n'ont peur de rien, et j'en ai vu plusieurs au cours de ma carrière.

— Vous pensez qu'Ali a caché des trésors datant de l'Antiquité et qu'une bande de trafiquants veut mettre la main dessus ?

— Hmm… Je n'ai pas vraiment de preuves mais ça expliquerait pourquoi la famille ne s'adresse pas à la police. De toute façon, la police ne les croira jamais car ils sont pauvres. La vraie question est de savoir comment les escrocs ont su l'existence de ces trésors alors qu'Ali a réussi à ne jamais rien dévoiler.

Je suis un peu embarrassé.

— Et alors, qu'est-ce qu'on va faire ? demandé-je.

— Je ne sais pas, répond l'Anglais. Faites attention à vous en tout cas. S'il s'agit bien d'un enlèvement, c'est une affaire qui concerne la police, mais nous n'avons pas de preuves et je ne veux pas trahir mon ami Ali. L'avez-vous rencontré du reste ? Il a deux enfants, un garçon et une fille.

— Non, il n'était pas là et ses enfants non plus.

— *Well*, dit Thomas Kirkby en se levant, il faut que je m'en aille. J'habite au Palais d'Hiver, au cas où ça vous intéresse. Si seulement j'avais trente ans de moins, marmonne-t-il.

Puis il s'éloigne péniblement vers une calèche et disparaît, comme à Gizeh.

Je reste seul et ne sais si je dois le croire ou pas. Quand papa revient, je n'ai toujours pas touché à mon coca.

Si papa doit vraiment écrire ce qui nous arrive pendant nos vacances, ça ne fera jamais un guide de voyage normal.

11

LE PRÊTRE MANGEUR DE BONBONS

Je ne raconte rien de ma rencontre avec l'Anglais car je veux en parler à quelqu'un d'autre d'abord.

Après la visite à Carnac, nous attendons devant le Palais d'Hiver pendant que papa va y chercher nos bagages.

— Tu peux me prêter ton portable, Sissel ? dis-je, je voudrais seulement envoyer un message.

— On n'aurait jamais dû se fier à l'homme au cure-dent, dit Sissel en voyant papa revenir les mains vides. Il est presque cinq heures et demie et nos bagages ne sont toujours pas là.

Maman soupire.

Je m'éloigne un peu et appelle mon oncle William. Au même moment, un homme sort en courant de l'hôtel avec un sac dans la main qu'il jette à papa.

— Allô oui, vous êtes bien chez le prêtre aux bonbons, annonce la voix tranquille de William. (Je l'entends mâcher des bonbons.) Puisque tu m'appelles, je suppose que vous vous êtes encore embarqués dans une sale histoire.

— Oui, répondis-je.

— OK, dit-il sur un ton beaucoup plus sérieux.

Mon oncle William est quelqu'un sur qui je peux vraiment compter. Il est prêtre dans les prisons et maman dit de lui qu'il a vu et entendu un tas de choses. Il est de ces adultes à qui on peut tout dire et c'est vraiment bien.

Je lui parle de l'Anglais, du kidnapping, du fait que nous avons dû quitter l'hôtel où on ne voulait pas de nous, du message sur le miroir et de l'Américain Ronald au cure-dent. En fait, de tout ce qui me fait peur.

— L'Anglais est peut-être un peu dérangé, la dame de l'hôtel peut effectivement attendre des clients allemands et le message sur le miroir peut n'être qu'une mauvaise blague.

Je suis un peu déçu que mon oncle prenne ça aussi calmement.

— D'un autre côté, ça peut paraître louche,

surtout s'il s'agit d'une véritable tentative d'enlèvement.

Je l'entends mettre un bonbon dans sa bouche pendant qu'il réfléchit.

— Je ne vois pas non plus ce que l'homme au cure-dent vient faire là. Peut-être qu'on cherche à vous intimider parce que quelqu'un a quelque chose à cacher.

— Et quoi ? dis-je très impatient.

— Ça, il faut que j'y réfléchisse un peu plus.

— Et qu'est-ce qu'on fait alors ?

— Rien, dit William calmement, retournez à l'hôtel chercher vous-mêmes vos bagages et vos passeports. Ça ne peut pas être bien dangereux et la plupart des Égyptiens sont des gens très honnêtes.

— Tu crois vraiment qu'on peut retourner à *Ali's Inn* ?

— Allez d'abord à la police et si vous avez le moindre ennui, demandez-leur de l'aide, et surtout, évitez de vous mêler de près ou de loin à tout ce qui peut paraître louche. On ne rigole pas avec de vrais escrocs, même si tu as l'habitude de bien t'en sortir, David. Est-ce que je pourrais parler à ta mère ?

— BEURK ! hurle Sissel tout à coup.

— Attends un peu, William, je vais dire à maman qu'elle te rappelle.

Je raccroche et rejoins les autres.

— C'est une tête ! dit Sissel, une vraie tête de momie !

C'est la tête qui manquait au squelette que Ronald nous avait montré.

PAS UN MOT À QUICONQUE SINON VOUS PERDREZ LA TÊTE VOUS AUSSI ! Voilà ce que lit papa sur le message accompagnant la tête. Bien sûr, pas de signature.

— Il a des yeux bizarres, dit Thor, hein qu'il est très mort ?

Elle a beau avoir plusieurs milliers d'années, je trouve que la tête de momie a l'air presque vivante avec ses cheveux sur le crâne.

12

LA DIFFÉRENCE ENTRE UN DROMADAIRE

— Bon ! dit maman.

Je lui raconte tout ce qui s'est passé. Elle rappelle William aussitôt et reste longtemps au téléphone.

Maman écoute presque toujours son grand frère, et cette fois aussi, nous suivons ses conseils. Nous allons directement à la police et c'est papa qui porte le sac avec la tête et le message, écrit en norvégien, ça aussi c'est étrange.

Le policier est un homme jeune avec une énorme pomme d'Adam. Assis à son bureau en train de lire le journal, il prend à peine le temps de lever les yeux.

— Nous voudrions porter plainte car nous avons été brutalement attaqués, dit papa sur un ton anormalement calme.

— Que s'est-il passé ? marmonne le policier, la voix ensommeillée.

— C'était hier soir, des hommes sont venus et nous ont enlevés.

— Enlevés ?

— Oui, ils ont dit qu'ils faisaient le taxi.

— Donc vous êtes montés avec eux.

— Non !

— Vous n'êtes pas montés avec eux ?

— Si… mais ils nous ont menacés.

— Ils avaient des armes ?

— Oui, je crois.

— Avez-vous vu les armes ?

— Heu… non. Elles étaient sûrement sous leur manteau.

— Ils avaient des manteaux ?

— Non, pas vraiment des manteaux, plutôt…

Le policier à la pomme d'Adam prend lentement un papier et un stylo et note quelque chose.

— Vous avez été battus ou blessés ?

— Heu… non. Ils nous ont traînés jusqu'au plateau arrière de leur voiture qui attendait là.

— Est-ce que vous seriez montés s'ils ne vous avaient pas forcés ?

— Non, non ! On ne voulait pas aller avec eux.

— Est-ce qu'on vous a volé quelque chose ?

— Heu… non.

— Personne n'est blessé et rien n'a été volé ?

— Vous détournez tout ce que je dis.

Le policier continue d'écrire.

— Comment ça, je détourne ?

— Je ne sais pas si c'est bien malin d'insister, marmonne Sissel, on ne peut rien prouver et il ne nous écoute pas.

Elle prend le sac des mains de papa, l'ouvre, en sort la tête de momie et la dépose sur le bureau du policier de telle sorte qu'enfin il lève les yeux de sa feuille.

— Savez-vous quelle est la différence entre un dromadaire ? demande Sissel d'une voix forte et gaie.

— La différence ? demande-t-il, complètement hypnotisé par la tête de momie.

— Vous ne savez pas ? Pourtant il y a beaucoup de dromadaires dans votre pays, dit-elle en souriant et en le regardant droit dans les yeux.

— La différence ? demande-t-il encore une fois.

— Oui, la différence entre un dromadaire.

— Non, je ne sais pas si je…

— Plus il est grand, mieux il sait faire du vélo, dit Sissel. Ce n'était pas bien difficile.

Le jeune policier la regarde, interloqué.

— Il lui manque un corps à cette tête, mais c'est parfois mieux d'avoir une tête qu'un corps. Merci pour toute votre aide, ajoute-t-elle en souriant d'un de ses sourires les plus faux et dont elle seule a le secret.

C'est le sourire qu'elle me fait quand elle me trouve complètement stupide.

Ni papa ni maman ne l'arrêtent, ils ne savent pas non plus quoi dire.

Puis nous sortons et je sens un grand poids sur l'estomac : qu'allons-nous faire si la police elle-même ne peut nous aider ?

— Bon allez, on retourne à *Ali's Inn,* dit maman. On va se débrouiller tout seuls. Je n'ai vraiment pas envie de lui demander de nous aider à retrouver nos affaires ou quoi que ce soit d'autre.

— Mais… dit papa.

Le téléphone sonne. C'est William, et maman lui rapporte brièvement notre conversation avec le policier inefficace.

— Mumm… Mumm… Si, si, j'ai bien réfléchi. Oui, je tiens à le faire… non… non. Bonne nuit grand frère.

— William pense qu'on peut malgré tout retourner chercher nos affaires, dit-elle.

13

L'HOMME AU TRÉSOR

— Mais tu veux vraiment retourner à Qurna, Inga ? demande papa tandis que maman se dirige d'un pas rapide vers l'embarcadère. Est-ce bien malin ?

— Oui, répond maman, et on y va maintenant. Je ne veux pas qu'ils prennent nos passeports et j'ai été bien bête de les laisser là-bas. Et ton ordinateur et tout le travail que tu y as sauvegardé. Non, vraiment, il faut qu'on y retourne.

Nous avons de la chance car au bord du fleuve, près de l'embarcadère, il y a Abdel en train de laver le pare-brise de son taxi, et il est tout prêt à nous conduire à *Ali's Inn*. Lentement mais sûrement, maman raconte à Abdel ce qui s'est passé.

— Ali est quelqu'un de bien, mais il y a des gens qui nous veulent du mal, explique Abdel en colère. Ce n'est pas étonnant que les touristes désertent l'Égypte.

Nous sommes presque seuls sur le bac mais j'aperçois, l'espace d'une seconde, une femme qui se retourne dès qu'elle nous voit. Et elle a beau être habillée comme une Égyptienne, je m'aperçois que son visage est différent, il est blanc comme le nôtre.

Abdel nous accompagne jusqu'à l'auberge et cette fois, il n'y a personne pour nous chasser. À la réception, un homme accourt à notre rencontre : ce doit être Ali lui-même. Il a l'air préoccupé, surtout quand Abdel lui raconte rapidement ce qui s'est passé.

Ali nous invite à nous asseoir pendant que sa femme, qui a beaucoup moins peur, met la table dans la petite salle de restaurant. Elle ne parle plus cette fois d'hôtel complet et de touristes allemands.

Ali sort sa pipe à eau, la pose par terre, allume du tabac dans une soucoupe placée au sommet, aspire par un tuyau muni d'un embout et expire la fumée.

— *Izzayyukum ?* demande-t-il en nous regardant.

Nous n'avons pas la moindre idée de ce que ça veut dire, mais nous faisons oui de la tête en souriant poliment. Ali n'a vraiment pas l'air d'un bandit ou d'un tueur, il est plutôt sympathique.

— *Kwayyes el hamdu… lillah*, papa trébuche sur les mots en les savourant.

Nous tournons tous la tête vers lui.

— Il nous demande si nous allons bien malgré tous ces événements et j'ai répondu que oui. Ce n'est pas si compliqué que ça, dit papa en souriant d'un air gêné.

— Quel goût ça a ? demande Sissel en anglais en indiquant de la tête la pipe à eau.

— C'est frais et bon, répond Ali. En passant à travers l'eau, la fumée est filtrée et parfumée avant d'arriver dans la bouche. Ça s'appelle un narguilé.

Ali tire une longue bouffée.

— Il est hors de question que vous essayiez, dit maman en direction de Sissel, puis de papa.

— Je suis désolé, reprend Ali, j'ai dû m'absenter pour des raisons très importantes. Ma femme m'a parlé de vous, et nous regrettons sincèrement que votre court séjour ici n'ait pas été des plus agréables. Si vous avez l'intention de passer la nuit ici, ce sera gratuit. Nous avons gardé vos affaires bien que quelqu'un soit venu pour les prendre.

— Et qui ça ? demandé-je.

— C'est une bonne question, soupire Ali. Nous sommes très inquiets, mais ne pouvons en parler à personne. Il s'est passé de vilaines choses à Qurna ces derniers temps, et c'est pour cela que nous ne voulons plus accueillir de clients.

— Que s'est-il passé ? demandé-je.

— Tout a commencé il y a quelque temps quand on a découvert une leucémie à une petite fille. Or à Qurna, personne n'a beaucoup d'argent, et la petite fille devait subir une opération coûteuse. L'Égypte possède de nombreux médecins compétents, mais pas beaucoup de bons hôpitaux. Pour guérir, il lui fallait aller à Londres et subir une transplantation de moelle épinière. Le tout devait durer cinq à six mois et coûter une somme énorme impossible à payer pour les gens d'ici. Sinon elle mourrait.

— Et alors ? murmuré-je très curieux.

— Il y avait un petit espoir car le père de la petite fille avait un trésor très ancien. Il a essayé de le vendre illégalement pour payer l'opération.

— Un trésor ? demande maman.

— Oui, répond Ali. Est-ce que je peux vous expliquer sans que vous alliez tout raconter à la police ? demande-t-il en nous regardant tous les uns après les autres. Cet homme ne voulait pas s'enrichir personnellement, mais seulement vendre pour financer l'opération.

Je comprends sans comprendre tout mais le vieux Thomas Kirkby avait raison.

— Quel genre de trésor ? demandé-je.

Le regard d'Ali se fait fuyant.

— Ce sont des choses qu'ils ont trouvées dans les tombes au fil des siècles. De vieilles choses qui ont de la valeur, beaucoup de valeur.

— Et qui appartiennent officiellement à l'État égyptien, marmonné-je.

— Exactement, dit Ali. Et cet homme doit se débrouiller tout seul et c'est bien compliqué. Il n'a pas vraiment volé les objets, il les garde seulement.

— Mais il pense aussi qu'ils appartiennent un peu à la famille, ajoute maman.

— Oui c'est bien ça, confirme Ali. Mais il s'est avéré que les gens à qui il devait les vendre étaient des escrocs bien plus dangereux qu'il ne croyait. Pour finir, ils voulaient tout simplement lui prendre son trésor. Et ces trafiquants d'œuvres d'art sont persuadés qu'il existe d'autres trésors ici, encore plus grands, encore plus précieux, et maintenant ils le menacent pour qu'il leur cède encore plus d'objets d'art pour la même somme d'argent. Mais il n'y a rien d'autre. Les rumeurs sur l'existence de trésors sont toujours dangereuses.

Ali s'arrête tout à coup ; il donne l'impression d'en avoir déjà trop dit.

— Depuis toujours on est venu en Égypte pour nous piller. Les Assyriens, les Grecs, les Romains, les touristes anglais… Ça ne s'arrête jamais, poursuit Ali.

Il aspire une grande bouffée de son narguilé : ça bouillonne dans le bocal à eau et ça n'a pas l'air très bon pour la santé.

— On ne pense pas toujours à signaler aux autorités ce qu'on trouve par hasard dans le sable…

— Mais enfin, dit maman sévèrement, les gens devraient savoir que les objets d'art anciens sont des trésors qui appartiennent à toute l'humanité !

— Oui, mais parfois il y a des choses plus importantes que des vieilleries, dit Ali.

— Connaissez-vous l'homme au trésor ? demandé-je.

Ali hésite un peu et baisse les yeux.

— Oui, un peu, Qurna n'est pas bien grand.

14

UNE TÊTE DE PRINCESSE DANS UNE ÉCHARPE EN SOIE

On finit par aller se coucher et toutes nos affaires sont là : les passeports, l'ordinateur de papa, les valises, les vêtements.

La première chose que Sissel et moi faisons dans notre chambre après avoir fermé à clef et mis une chaise devant la porte, c'est d'aller dans la salle de bains. Je souffle sur le miroir mais il n'y a plus rien, quelqu'un l'a nettoyé.

Je me brosse les dents et me déshabille quand, tout à coup, on frappe tout doucement à la porte mais je sursaute quand même.

C'est Fatima, la femme d'Ali. Elle baisse les yeux en me tendant une grande écharpe blanche. Il y a quelque chose de lourd dedans. Elle fait rapidement oui de la tête et disparaît avant que j'aie pu dire quoi que ce soit.

— Qu'est-ce qui se passe ? demande Sissel en sortant de la salle de bains.

— Je ne sais pas. C'est quelque chose de lourd de la part de la femme d'Ali.

Je m'assois sur le lit et laisse Sissel ouvrir l'écharpe avec précaution.

— Ouah ! dit-elle. C'est beau ! Il faut qu'on montre ça à maman. Tu crois que c'est un vrai objet d'art ancien ?

J'ose à peine toucher le beau visage de femme sculpté dans la pierre.

— C'est sûrement une princesse, murmure Sissel.

— Je me demande pourquoi Fatima nous l'a donné à nous, dis-je.

— C'est peut-être un cadeau, dit Sissel, ou bien elle essaie de nous dire quelque chose qu'Ali ne veut pas raconter ?

— Je ne sais pas, va chercher maman.

15

SEULEMENT POUR LES ADULTES

— Je crois bien que c'est une véritable antiquité, dit maman le feu aux joues.

Elle est en chemise de nuit et scrute la sculpture avec une lampe de poche.

— Une tête de femme datant peut-être du Moyen Empire, ce qui correspond à l'apogée de l'Égypte dans la région de Louxor et Thèbes, précise-t-elle d'un air inquiet.

— Mais qu'est-ce que ça fait ici ? Ce genre d'objet se trouve normalement au musée, dit papa. Ça fait partie du trésor dont parlait Ali tout à l'heure ?

— C'est la femme d'Ali qui nous l'a donné, dit Sissel, et elle veut nous faire comprendre quelque chose mais en même temps, elle ne veut pas qu'on dise que c'est elle.

— Oui, dis-je, je crois que la petite fille malade n'est pas une vieille histoire.

Ça se passe en ce moment et la date sur le miroir était celle d'avant-hier. Je crois qu'Ali est mêlé à tout ça d'une façon ou d'une autre et qu'il ne peut pas aller à la police.

— Peut-être as-tu raison, dit maman en caressant délicatement le nez de la princesse.

— Mais tous ces gens qui ont voulu nous chasser d'ici, c'est qui ? demandé-je.

— C'est très bizarre en effet… Mais prenons une chose à la fois et allons demander à Ali, d'ailleurs, le voici qui monte l'escalier.

Il fait semblant d'être exténué.

— On a l'impression d'être mêlés à de dangereux secrets sans savoir vraiment de quoi il s'agit. Mais tout ça a un lien avec votre auberge, dit maman sur un ton décidé. Avez-vous besoin d'aide ?

Ali pâlit brusquement et ne fait aucun commentaire lorsqu'il aperçoit sur le lit la sculpture entourée de l'écharpe en soie.

— Attendez ! finit-il par dire, il faut que les enfants aillent au lit d'abord, c'est une affaire pour adultes seulement.

16

UN MÉDICAMENT QUI SAUVE LA VIE

Sissel et moi n'arrivons pas à dormir, c'est évident.

— C'est pas juste ! Ils sont en bas en train de parler de choses passionnantes et on n'entendra rien du tout, soupire-t-elle. De vraies histoires de trésors qui datent de milliers d'années, de vieux pharaons, de princesses et de choses affreuses que je ne peux même pas imaginer. Et en plus, on n'est même pas fatigués !

Puis on frappe à nouveau, tout doucement. Ce n'est pas à la porte mais à la fenêtre. Je me lève pour aller voir et ouvre la fenêtre et les volets. Je n'aurais vraiment pas dû car deux hommes surgissent aussitôt et sautent dans la chambre. Ils ont le visage couvert d'un foulard sombre qui ne laisse entrevoir que les yeux. Il me semble reconnaître l'un d'entre eux : l'homme qui ce matin avait une casquette et un cure-dent a maintenant un pistolet tout noir dans la main, c'est Ronald. Et l'autre, c'est l'homme au regard méchant qui nous avait chassés le premier soir quand nous étions devant l'auberge d'Ali.

Le troisième, c'est peut-être l'homme du bac. Donc les hommes qui avaient kidnappé ma famille.

Avant que j'aie le temps d'appeler ou de faire quoi que ce soit, l'homme au regard méchant écrase sa grosse main sur ma bouche et y colle une large bande de ruban adhésif. C'est comme irréel, comme dans un film et je commence à crier. Je crie tout ce que je peux, mais c'est difficile avec la bouche scotchée. J'ai rapidement la tête qui tourne et envie de vomir donc je m'arrête.

— Il faut que je prenne mes médicaments, arrive à dire Sissel avant qu'ils lui scotchent la bouche à elle aussi, sinon je peux faire un malaise et mourir, ajoute-t-elle.

Elle doit être devenue folle.

Je vois que les trois hommes hésitent, puis Ronald fait oui de la tête. Je crois que c'est leur chef parce que c'est lui qui a un pistolet et qu'il comprend l'anglais.

Sissel va chercher sa trousse de toilette. Elle tremble tellement qu'elle claque des dents. L'espace d'un instant, je crois qu'elle a réussi à prévenir les autres d'une façon ou d'une autre, mais comment aurait-elle pu le faire depuis la salle de bains ?

Puis on lui scotche la bouche.

Et ils nous emmènent en nous faisant passer par la fenêtre et sur un petit toit. Il leur suffit de nous pousser un peu pour qu'on avance, car ils savent que nous ne pouvons rien faire d'autre. D'ailleurs je suis tout raide, comme paralysé, et la seule chose qui me vient à l'esprit, c'est qu'on a vraiment été idiots de revenir à l'auberge. Ce n'était vraiment pas malin après l'avertissement qu'on avait reçu. C'est presque bien fait pour nous !

Ils nous font descendre un escalier et sortir par-derrière, et tout ça sans un bruit. Ce sont vraiment des professionnels.

Par une fenêtre ouverte de la salle à manger, nous entendons à peine la conversation entre maman, papa et Ali. Thor dort sûrement bien tranquillement quelque part et si ça se trouve, il est sur les genoux de maman.

17

QUELQUE PART DANS LE DÉSERT

Je n'ai pas vraiment le temps de réfléchir car tout va très vite. Il ne s'est écoulé que quelques minutes entre le moment où ils sont entrés dans notre chambre et maintenant où nous nous retrouvons assis sur le plateau arrière de la camionnette avec la bande d'adhésif sur la bouche.

Il a beau faire nuit noire maintenant, je suis persuadé qu'on est dans la voiture qui a servi à l'enlèvement, et leurs visages couverts ne m'empêchent pas de croire que ce sont les mêmes kidnappeurs. Pendant un certain temps, ils roulent doucement puis accélèrent tout à coup tellement que nous disparaissons dans un nuage de poussière. Je ferme les yeux car je ne supporte pas de voir les yeux apeurés de Sissel, et de toute façon, on ne peut rien faire.

Le moins qu'on puisse dire, c'est que j'ai le ventre noué et pas seulement parce que j'ai peur, mais parce qu'il faut que j'aille au WC. Le problème, c'est que je ne peux pas le dire. Pour finir, je ne peux plus me retenir et fais dans mon pantalon, comme un bébé. C'est chaud et dégoûtant et, en plus, le regard de Sissel me fait comprendre que ça sent vraiment mauvais.

On continue à rouler sans s'arrêter, et je ne sais pas où nous allons ni combien de temps nous roulons.

Quand enfin on nous demande de descendre de la camionnette, il n'y a que le désert autour de nous. Il fait frais, presque froid, et le ciel est tout étoilé. Il n'y a que le désert, le ciel et quelques grosses pierres et encore plus de désert, c'est tout. Je n'ai pas la moindre idée de l'endroit où nous sommes. On est tout simplement quelque part, en plein désert.

Ils nous arrachent la bande d'adhésif et nous ne disons rien car nos lèvres font trop mal.

Puis nous descendons quelques marches dans le sol et débouchons dans une grande pièce à l'intérieur d'une grotte. Il y fait très sombre, mais une lampe à gaz l'éclaire un peu et nous apercevons deux visages apeurés : une fille de notre âge et un petit garçon en train de manger. Ils nous regardent mais ne disent rien. Il y a aussi deux adultes. L'un d'entre eux a le visage découvert, il a l'air gentil pour un bandit et il est énorme. L'autre se contente de nous regarder avec des yeux froids comme la mort.

— Hello, dit une voix de femme avec un très fort accent. Elle porte des vêtements d'hommes, mais on voit bien que c'est une femme.

Je sursaute, pas seulement parce que c'est une femme, mais parce qu'on dirait qu'en plus, c'est elle le chef. Elle fait un geste de la main, et les hommes qui nous ont kidnappés s'en vont, seul le très gros bandit reste.

— Est-ce que vous voulez quelque chose à manger ? demande-t-elle seulement. Bien que vous soyez prisonniers, vous avez le droit de manger.

Je ne sais pas trop pourquoi mais j'ai complètement perdu l'appétit, et ce n'est pas seulement à cause de la tourista.

La dame-bandit hume l'air à droite et à gauche et finit par poser son regard sur moi.

— Je déteste les petits garçons qui sentent le caca, dit-elle en riant longtemps. Vas te changer avant de manger pour éviter qu'on ne meure tous asphyxiés par l'odeur de merde. Tu sais, il n'y a pas beaucoup d'aération ici.

Puis elle se remet à rire.

Malgré toute ma volonté, je ne peux pas m'empêcher de pleurer.

18

MIEUX VAUT UN CAUCHEMAR QUE LA RÉALITÉ

On me donne une cuvette en fer pour me laver et un vêtement comme en porte les adultes. Un habit de prisonnier, me dis-je. Je me sens bizarre dans cette espèce de robe qui couvre mes jambes nues. C'est beaucoup trop grand pour moi, et j'ai l'impression de ne plus être moi-même, mais c'est quand même agréable d'avoir un vêtement propre, même si je n'ai pas de slip.

En vrai, je n'arrive pas à croire qu'on est là, en plein désert, dans une grotte et au milieu de la nuit, comme dans un cauchemar. Je m'attends à chaque instant à ce que Sissel crie *Carotte !* et que je me réveille et que tout redevienne comme avant. Mais non, ça ne se passe pas comme ça. Est-ce que maman et les autres se sont rendu compte que nous avons disparu ? Ou est-ce qu'ils croient que nous dormons tranquillement dans notre chambre ? Est-ce que Ali aussi est un bandit ? Et la dame, c'est qui ?

Et qu'est-ce qu'on fait ici ? Je n'ose même pas y penser et me demande surtout ce que les bandits vont faire de nous.

— Bonne nuit les fouineurs, dit la dame, si vous vous mêliez de vos affaires, vous seriez dans un bon lit douillet à l'heure qu'il est. Mais décidément, vous ne voulez pas comprendre les avertissements !

Allez, on s'en va. Amusez-vous bien, et si vous êtes sages, on ne vous attachera pas.

Il semble qu'ils soient tous partis dans la camionnette car nous entendons une voiture démarrer et s'éloigner dans la nuit.

Le gros bandit à l'air gentil est resté assis. Heureusement que c'est lui tout seul qui nous garde. Mais même s'il a l'air sympa, il a sûrement un pistolet. C'est bizarre, on dirait que les deux autres enfants n'ont pas peur de lui. C'est bon signe.

Chacun de nous a une couverture et un matelas sale, et je n'arrive pas à m'endormir. Pour finir, Sissel me donne un somnifère qu'elle a réussi à sortir discrètement de sa trousse de toilette. Je l'avale, moi qui d'habitude ne prends même pas une aspirine. Mais plus rien n'est comme d'habitude en ce moment.

Je finis par m'endormir, et mon sommeil est plein de rêves affreux. Je sais que je rêve mais n'arrive pas à me réveiller complètement. Vu la situation, mieux vaut des cauchemars que d'être éveillé.

Puis je me réveille pour de bon mais il doit être très tôt, car j'attends longtemps dans le noir. Jusqu'à ce que le jour se lève enfin et j'imagine le soleil embrasant le désert. Mais à côté de moi, sous la couverture, j'entends Sissel pleurer.

Au petit déjeuner, en mangeant un peu de pain, nous faisons la connaissance de la fille et du garçon. Elle s'appelle Farah, lui, Hashim et ils sont frère et sœur. Ils ne parlent pas très bien anglais, mais ce n'est pas grave s'il nous faut du temps pour nous comprendre, car du temps, on en a.

Le gros bandit qui nous garde a l'air d'avoir mauvaise conscience mais en même temps, il a très peur de nous perdre de vue et s'est assis devant l'entrée de la grotte pour mieux nous surveiller.

Je me dirige vers le tas de pierres, là où tout le monde fait ses besoins, car mon ventre m'embête encore, et puis je voudrais bien voir s'il y a une possibilité de s'échapper. Je grimpe sur le tas de pierres mais ne vois rien d'autre que du désert, du désert partout à perte de vue.

Puis je pense à ce que font maman et les autres, je suppose qu'ils mettent la ville sens dessus dessous pour nous retrouver mais en vain. Le seul qui pourrait les aider, c'est le policier à la grosse pomme d'Adam qui ne sait pas la différence entre un dromadaire. Et je pense à papa qui a la tourista comme moi, à William et au fait qu'on va finir par mourir ici, en plein désert, loin de tous.

19

UN ÉNORME SOUPIR

Le gros bonhomme a peur de s'endormir et les autres bandits sont très loin. Sissel et moi décidons de le surveiller chacun son tour pour voir quand il s'endormira. Il va s'en apercevoir, mais il faudra bien qu'il s'endorme à un moment ou à un autre, lui aussi.

Au bout de deux heures, nous changeons de tactique et faisons comme si de rien n'était en jouant à un jeu appelé *tawla* que Hashim et Farah ont dans une petite boîte en bois. En fait, c'est comme un backgammon, ce jeu auquel je n'avais jamais rien compris avant.

Nous jouons et parlons tranquillement comme si nous n'étions ni morts de peur ni épuisés. Et puis, tard dans l'après-midi, pendant mon tour de garde, il s'endort enfin, profondément. Assis dans un fauteuil en bois prêt à se casser sous son poids, la bouche ouverte, il ronfle comme une baleine.

Je crois que les gens gros ronflent encore plus que les autres.

Sissel va vers lui et passe doucement la main devant ses yeux fermés. Hashim et Farah regardent sans rien dire. Il ne se réveille pas. Et les quatre autres bandits sont toujours loin.

— Allez, on s'en va ! dit Sissel décidée.

Mais Farah et Hashim ne bougent pas d'un millimètre.

— C'est pas un bandit, il est prisonnier lui aussi, dit Farah.

Sissel secoue la tête, elle ne comprend pas.

— Et puis, vous êtes complètement fous, continue Farah, on ne sait absolument pas où on est. La seule chose vraiment sûre, c'est que le désert s'étend à des kilomètres à la ronde. Ici au moins, nous avons à boire, à manger et de l'ombre. Rester ici est notre seule chance de survie. Si nous partons, c'est la mort. Au bout de quelques heures seulement, on s'écroulera à cause de la chaleur et le lendemain, on sera complètement déshydratés. Et en plus, on ne sait même pas dans quelle direction aller.

— Elle a raison, dis-je, on est en plein Sahara, c'est tout ce qu'on sait.

On dirait que Sissel veut partir quand même, mais elle finit par s'asseoir dans le sable et n'est plus qu'un gros, un énorme soupir.

Et moi qui croyais avoir atteint le niveau maximum de déprime !

20

MOINS MYSTÉRIEUX QU'AVANT MAIS TOUT AUSSI DANGEREUX

— Qu'est que vous faites ici ? demandé-je à Farah, et qui est le gros bonhomme ?

— On a été kidnappés nous aussi, comme vous, et le gros, c'est un voisin, le père d'une petite fille qui a la leucémie. Nous, on est les enfants d'Ali.

— Ali ? Celui qui tient l'auberge ? demande Sissel en me regardant.

— Oui, c'est notre père.

— Mais pourquoi on vous a kidnappés ?

Farah a les larmes aux yeux.

— Notre père voulait aider notre voisin à trouver de l'argent en vendant de vieux objets qu'il avait trouvés dans les tombes des alentours et qu'il avait cachés depuis très longtemps.

Ils ont visiblement beaucoup de valeur, suffisamment pour que la fille du voisin puisse se faire opérer. Les problèmes ont vraiment commencé quand notre père a essayé de les vendre.

— Parce que la vente de tels objets est illégale ? demande Sissel.

— Oui. Les gens à qui il les a vendus sont des escrocs et croient que mon père a d'autres trésors cachés, plein d'autres. Et quand mon père leur a dit qu'il n'avait plus rien, ils nous ont kidnappés. On ne peut pas prévenir la police non plus, car elle est très dure avec ceux qui volent ou cachent des antiquités. Et maintenant, les bandits veulent nous échanger contre les antiquités qu'ils sont persuadés que mon père a. Sinon…

— Sinon quoi ? demandé-je.

— Je n'ose pas y penser, dit Farah en enroulant une mèche de ses cheveux autour de son index.

— Mais alors, qui a écrit le message sur le miroir chez vous ? demande Sissel.

— Quoi ? dit Farah étonnée.

Nous lui expliquons.

— C'est sûrement le voisin, dit-elle en montrant le père de la petite fille malade, il est assez nul en anglais. Il a été capturé après nous parce qu'ils ont peur qu'il parle, mais il aura quand même eu le temps d'en parler à maman qui a recopié le message sur le miroir en espérant que quelqu'un le lise. Même si papa lui a interdit d'en parler. Et à quoi ça a servi finalement puisque vous aussi vous avez été faits prisonniers ? Le pire c'est qu'on ne pourra jamais quitter cet endroit tout seuls et sans voiture.

Tout est bien moins mystérieux maintenant mais tout aussi dangereux, et même pire.

21

PARTICULIÈREMENT BIEN ÉPICÉ

La journée passe et ça fait maintenant vingt quatre heures qu'ils nous ont capturés mais on dirait que ça fait beaucoup plus. Nous jouons à la *tawla,* parlons un peu, mangeons du pain sec et buvons de l'eau.

Je finis par être fatigué, fatigué de croire que tout ça va mal se terminer. Et puis ma tourista n'est pas encore terminée et je me sens tout mou. Dans l'après-midi, je vais m'allonger dans la grotte pour dormir un peu.

Je me réveille trempé de sueur et courbatu. Dehors il fait nuit noire et les autres sont en train de préparer à manger pendant que le gros bonhomme attend que ce soit prêt ; il a l'air d'avoir faim.

Puis, tout à coup, nous apercevons des lumières qui approchent et entendons le bruit de la voiture. Je sais déjà que c'est la vieille camionnette, mais je ne peux m'empêcher d'être déçu quand je vois les bandits sauter à terre.

— *We want food,* dit la dame en mauvais anglais et en regardant Sissel et Farah en train de touiller dans une grande marmite en terre.

— *Mais dépêche-toi un peu !* ajoute-t-elle en direction de Sissel, en norvégien.

Ça nous fait un choc, mais Sissel et moi arrivons à faire comme si de rien n'était.

Sissel a aidé Farah à préparer une soupe à la coriandre qu'elle a trouvée dans le garde-manger de la grotte. Je suis très impressionné car, à ma connaissance, Sissel ne sait rien faire d'autre que de réchauffer une pizza.

Les bandits s'installent autour du feu et mangent beaucoup et longtemps. Ensuite, c'est notre tour et je me dis qu'on est exactement comme des chiens à qui on donne les restes du repas. Au moment où je commence à manger, Sissel secoue imperceptiblement la tête et je m'arrête tout de suite car j'ai un soupçon. Pour que Sissel prépare à manger de son plein gré, il faut qu'il y ait une bonne raison. L'ennui, c'est que le père de la petite fille malade, lui, il mange sans que nous puissions le prévenir.

Au bout d'une demi-heure environ, ça commence à faire de l'effet, car Sissel s'est arrangée pour que la soupe soit particulièrement bien épicée. D'abord ils s'étirent et bientôt, ils ronflent tous tellement fort qu'ont doit les entendre à des kilomètres à la ronde. Le problème c'est que, à des kilomètres à la ronde, il n'y a personne pour les entendre. Je me demande de combien de somnifères Sissel a épicé la soupe.

22

EXACTEMENT COMME DANS TINTIN

— Et qu'est-ce qu'on fait maintenant ? demandé-je.

— On les attache bien sûr, répond Sissel, et dos à dos, exactement comme dans les *Tintin* de papa, tu sais bien.

Et elle s'en va chercher une corde à l'arrière de la camionnette.

Je ne sais pas faire des nœuds qui tiennent bien et je m'énerve à essayer mais je fais de mon mieux. Mais pas moyen de les bouger. C'est drôle, on se croirait dans un jeu où les adultes font les morts mais en même temps, je m'attends à ce qu'ils se réveillent à tout moment et nous demandent ce qu'on est en train de fabriquer. De toute façon, ils arriveront bien à se détacher quand ils se réveilleront.

— Et après ? demandé-je, est-ce qu'on attache aussi le père de la fille ?

Sissel me regarde, hésitante.

— Non, on va l'emmener, c'est pas un bandit.

Mais on a beau le tirer dans tous les sens, à nous quatre, on n'arrive même pas à le déplacer d'un mètre, ce qui n'est rien à côté de le hisser sur le plateau arrière de la camionnette. Rien à faire, il est trop lourd, au moins 120 kilos.

— Allez, on s'en va, dit Sissel, on n'a plus de temps à perdre.

Tout ça m'a donné mal au ventre, et puis comment on va faire ? Si le gros ne s'était pas jeté sur la soupe, il aurait pu conduire au moins.

— Tu sais conduire ? demandé-je à Sissel.

— Moi ? Non, t'es fou ?

— Et qui va conduire alors ?

— Toi, répond Sissel, t'es un garçon. T'as jamais vu de films ? Même les animaux dans *Toy Story 2* savent conduire, ça doit pas être bien compliqué.

Je regarde la place du conducteur et constate que les clefs sont là, c'est déjà ça.

Mon oncle William m'a montré une fois comment on fait en me mettant sur ses genoux et en me laissant conduire, mais c'est tout.

C'est complètement fou. Je ne sais pas conduire. Je n'ai que onze ans.

Sissel monte dans la camionnette et tourne la clef : on fait un grand bond en avant et on cale. Je jette un coup d'œil aux bandits près du feu mais ils ne bougent pas. J'espère quand même que Sissel n'a pas utilisé une dose mortelle de somnifère.

— Il faut mettre au point mort, dit Farah, en manipulant le levier de vitesses, comme ça.

Je grimpe à côté d'elle à la place du conducteur et démarre.

— Attendez, dis-je, on va mettre la roue de secours dans le feu.

— La roue de secours ? répète Sissel, étonnée.

Je redescends. Farah a compris et m'aide à lancer la roue dans les braises.

— Le pneu va bientôt dégager une fumée tellement noire qu'on pourra la voir de très loin, expliqué-je.

Je jette un dernier coup d'œil aux bandits.

— Combien de temps tu crois qu'ils vont dormir encore ?

— Encore longtemps, répond Sissel, on peut partir ?

Oui, on peut. Et bizarrement ça ne se passe pas trop mal. On roule un certain temps en première, puis Hashim et Farah m'aident à passer les vitesses avec le levier pendant que j'appuie sur la pédale d'embrayage et on roule de plus en plus vite. La route est toute droite, c'est juste une piste dans le sable.

Je ne comprends pas pourquoi papa ne m'a pas laissé conduire plus tôt, c'est facile. Pas besoin d'attendre d'avoir seize ans.

Je regarde Farah et elle me sourit.

— Tu conduis pas mal, dit-elle.

C'est incroyable ! Je suis en train de conduire, en plein désert, en pleine nuit et sans savoir où on va, mais je conduis.

Et au loin, on aperçoit de la lumière. C'est sûrement une ville. Farah pense que c'est Louxor. J'espère seulement que ce n'est pas ce dont maman nous a parlé, qui arrive dans le désert et qu'on appelle un mirage. Est-ce que les mirages existent la nuit ?

23

LE PREMIER ET LE MEILLEUR

Plus on s'éloigne de la grotte et des kidnappeurs, mieux je me sens. Et puis je reconnais enfin la lumière des phares d'une voiture au loin, on doit s'approcher d'une vraie route ! Et tout au bout, là-bas, ça commence à s'éclaircir. L'orangé profond du ciel nous dit que le soleil et le jour pointent.

BING !

C'est incroyable qu'après avoir roulé en ligne droite pendant plusieurs kilomètres, je percute l'unique chose qu'on puisse percuter : une grosse pierre qui se trouve à l'embranchement de la route. Le choc, heureusement, n'est pas trop important.

Seul Hashim tombe en avant et se cogne la tête, mais il n'a qu'une égratignure sur le front.

— C'est pas mal de percuter la seul pierre à des kilomètres à la ronde, dit Sissel pendant que Farah me regarde simplement.

Tout à coup, je me sens épuisé. Je n'ai que onze ans, je ne sais pas reculer et je n'ai jamais conduit de ma vie !

Nous descendons et avons à peine le temps de réfléchir à la situation qu'arrive le premier et le meilleur véhicule qui soit : le taxi d'Abdel avec *Hebbîna Hebbîna* à fond !

Il freine net.

— Que faites-vous là si tôt ? demande Abdel. Vous croyez que vos parents apprécient que vous alliez dans le désert comme ça tous seuls ?

— On vient d'échapper à de terribles bandits, dit Sissel, ça a l'air complètement incroyable mais c'est la vérité.

Abdel a l'air ravi et il raconte que nos parents ont averti la police, l'ambassade et tout le reste et que tout le monde nous recherche.

— Et c'est moi qui vous trouve ! Mais racontez-moi ce qui s'est passé.

Farah et Hashim commencent à parler en même temps, ils montrent l'endroit d'où nous venons et expliquent tout.

Abdel nous regarde d'un air sérieux.

— En route ! dit-il, montez !

Avant de démarrer, il nous donne à boire et vérifie la tête de Hashim.

Je suis mort de fatigue, mais n'arrive pas à dormir. Finalement, on est moins loin de Louxor que je croyais. Tout paraît plus long quand on a peur.

24

COUCOU PAPA !

Au commissariat de Louxor, le policier à la grosse pomme d'Adam est toujours là à lire son journal. On croirait qu'il a à peine avancé dans sa lecture depuis la dernière fois. Mais cette fois, il se lève aussitôt qu'il nous voit et appelle un autre policier.

— Bon… dit-il en regardant Sissel, et la grosse pomme d'Adam monte et descend plusieurs fois.

Abdel explique rapidement à l'autre policier plus âgé tout ce qui s'est passé.

— Demande-leur où sont papa, maman et Thor, dis-je à Sissel.

Le policier montre une porte étroite avec un petit bonhomme dessus au bout du couloir, c'est la porte des toilettes.

— Là-dedans ? demande Sissel.

L'homme hausse les épaules et fait oui de la tête d'un air sérieux. Il n'a pas l'air d'avoir envie de plaisanter. Sissel y va et frappe à la porte.

— Presque fini ! crie une voix désespérée en norvégien.

Peu après la porte s'ouvre.

— Coucou papa ! dit Sissel.

Il a plutôt l'air étonné de nous voir tous en train de le regarder. On dirait qu'il est là depuis un certain temps avec sa barbe de trois jours et sa chemise toute fripée et sale. Dans sa main, il tient le livre de *Donald-ankhamon*.

— La tourista, explique-t-il, je l'ai toujours, alors j'ai attendu ici.

Sissel lui saute au coup avec tant d'élan qu'il en tombe presque. J'attends encore quelques secondes avec des larmes plein les yeux avant de me jeter sur lui moi aussi.

— Maman et Thor sont au Palais d'Hiver, dit papa, c'est un véritable hôtel de luxe.

25

UNE TRÈS MAUVAISE MÈRE

Nous racontons tout à la police et expliquons que le gros bonhomme est innocent. Ali et sa femme viennent chercher Farah et Hashim et nous invitent à un repas de fête chez eux, plus tard. Les policiers disent qu'ils vont bientôt partir pour le désert et demandent à Abdel de leur montrer le chemin. Ils devraient pouvoir encore apercevoir le trait de fumée noire s'échappant du pneu et avec l'aide d'Abdel, ils retrouveront facilement les bandits. Ça ne fait que quelques heures que nous les avons quittés.

Mais pour le moment, nous voulons retrouver maman et Thor, et deux policiers nous accompagnent jusqu'au Palais d'Hiver. On n'avait pas eu l'occasion de bien le voir la dernière fois, mais l'hôtel est vraiment chouette, comme dans les vieux films.

Je comprends que papa s'y plaise, car il aime tout ce qui rappelle les vieux films. J'ai même parfois l'impression qu'il préférerait que la vie soit comme dans les vieux films.

On passe quand même rapidement devant la réception et montons dans la chambre où sont maman et Thor.

Je comprends aussitôt que maman n'a pas dormi une seule seconde. Elle ne peut s'arrêter de pleurer et de parler en même temps. Elle dit que nous ne voyagerons plus jamais, snif, et qu'elle a été idiote de ne pas faire plus attention à nous, snif, et qu'elle est une très mauvaise mère, snif, et que sans William elle n'aurait jamais cru nous revoir vivants, snif, et qu'elle ne veut plus aller dans des pays où on attrape la tourista, snif, et que les vacances d'hiver en Norvège c'est vraiment ce qu'il y a de mieux, snif.

— On a eu très, très peur, dit Thor, et je me suis super ennuyé à attendre.

26

UNE AVENTURE COMPLÈTEMENT FOLLE

Papa voudrait qu'on aille se servir à manger au grand buffet de l'hôtel, mais on a surtout envie de dormir. On accepte quand même un peu de poulet qu'un homme en veste blanche nous amène sur une table roulante dans la chambre.

La police nous a envoyé un médecin qui vient nous ausculter. Il ne trouve rien de grave, mais il a l'air très sérieux en disant qu'il est important que nous mangions et buvions et il me donne quelques comprimés pour le ventre.

Papa et maman font oui de la tête. Ils ont très mauvaise conscience de nous avoir perdus et croient que tout ça c'est de leur faute.

On nous donne du coca et de l'eau en bouteille, et on doit dormir dans la chambre de papa et maman pendant qu'ils veillent sur nous assis dans leurs fauteuils.

Et c'est très bien, après tout, on n'est pas encore vraiment des grands.

Mais Sissel et moi, on est trop excités pour s'endormir, et papa et maman commencent à nous poser des questions pour en savoir plus, surtout maman. Alors on leur décrit les voleurs, la grotte dans le désert et plus on raconte, plus on a l'impression que c'est une aventure complètement folle. Je ne sais même plus si j'y crois.

Après avoir raconté le plus important, j'ai la tête vide et je sens combien j'ai besoin de sommeil.

27

L'EXPERTISE D'UN ÉMINENT ARCHÉOLOGUE

Puis on frappe à la porte et là, il n'est vraiment plus question de dormir. Entrent dans notre chambre les deux policiers et un homme qui dit venir du consulat de Grande-Bretagne, et puis il y a aussi le vieux Thomas Kirkby. Ils demandent si nous allons bien, si nous sommes blessés, ce genre de questions routinières.

— Vous avez arrêté les bandits ? demande Sissel.

— Oui, il a suffit de suivre le mince trait de fumée noire dans le désert, répond le policier à la grosse barbe. Les bandits étaient toujours autour du feu en train de dormir très profondément. Et nous avons aussi mis la main sur plusieurs caisses remplies d'objets d'art de très grande valeur. Ils n'échapperont pas à plusieurs années de prison.

— Et vous les avez arrêtés tous ? demandé-je impatient.

— Bien sûr, dit-il. Ils étaient tous là, quatre hommes en train de ronfler, mais on va relâcher l'un d'eux car il était leur prisonnier, comme vous l'aviez expliqué.

Que des hommes, me dis-je, ça veut dire que la femme a réussi à s'enfuir !

— En tant qu'archéologue, je peux vous assurer qu'il est impossible de savoir d'où proviennent ces objets, dit Thomas Kirkby en nous faisant un clin d'œil. Les voleurs peuvent les avoir achetés illégalement à n'importe qui.

— Messieurs les policiers n'hésiteront sûrement pas à prendre en compte l'avis d'un éminent archéologue, dit le consul.

— Ce n'est pas le plus important, dit le policier.

— Et nous avons pour vous une forte récompense de la part de l'État égyptien.

— Et à combien se monte-t-elle ? demande papa.

Maman a un sourire crispé.

— À quelques milliers de livres égyptiennes, ce qui correspond à au moins cinquante mille couronnes norvégiennes, répond Thomas Kirkby.

— Très bien, dit papa, je sais quoi en faire.

— Un nouvel ordinateur portable ? demande maman.

— Non, non, dis-je. Cet argent est à nous ! C'est nous qui avons attrapé les voleurs !

— Exact, confirme Sissel, pas de nouveau portable.

— C'est pour la famille de la petite fille malade, dis-je, comme ça elle va pouvoir se faire opérer. Et s'il reste encore de l'argent, je veux une Gameboy, la toute nouvelle.

— Heu... bien sûr, je plaisantais, dit papa. Allez, maintenant on descend au restaurant.

Ce que j'aimerais bien savoir, c'est comment le vieil archéologue anglais savait le nom de maman. Il avait vu le tee-shirt ou quoi ? Mais juste à ce moment-là, Thomas Kirkby prend le bras de maman et le portable de Sissel se met à sonner.

C'est William. Je suis bien content qu'il veuille me parler à moi aussi et pas seulement à papa et maman.

— Alors, ils ont arrêté tous les voleurs ? demande-t-il très intéressé.

— Non, dis-je. Il y avait une dame, elle a réussi à s'échapper. D'abord, elle a parlé anglais puis norvégien. C'est bizarre, hein ?

— Mais bien sûr, mais je m'en doutais... je m'en doutais... dit-il pensivement.

Elle a dû réussir à persuader le gros bonhomme de la détacher et partir avant que la police arrive. Ça ressemble à Venise, là aussi un des voleurs

s'était enfui et c'était un Norvégien. Et le message accompagnant la tête de momie était aussi en norvégien. Je pense vraiment que ce sont des Norvégiens qui sont derrière tout ça.

— Alors il y a un lien entre ce qui s'est passé à Venise et ici ? demandé-je.

William soupire profondément.

— Il y a beaucoup de choses que je ne comprends pas. Pourquoi les bandits vous ont-ils kidnappés ? Était-ce nécessaire ? Peut-être parce que vous aviez vu le visage de la femme et qu'elle ne voulait pas être reconnue.

— Non, dis-je.

Et puis ça me revient tout à coup : la dame qu'on avait vue sur le bac quelques heures avant d'être kidnappés, c'était elle !

— Un jour, je te raconterai. J'ai des soupçons depuis votre voyage à Venise. On sait qu'un escroc norvégien est à l'origine de vols d'œuvres d'art à l'échelle internationale. Il emploie toujours des voleurs pour faire le sale travail mais garde le butin pour lui. Les informations que j'ai sont confidentielles et je ne sais pas encore tout, soupire William.

— J'espère qu'ils vont les arrêter tous, dis-je.

— Il s'en passe des choses pendant vos vacances, dit William. Je crois que j'ai envie de partir avec vous la prochaine fois, je m'ennuie tellement au bureau.

— Oh oui, viens avec nous aux prochaines vacances, William ! D'ailleurs je crois que papa et maman ne veulent plus voyager sans toi.

Maman dit que les vacances en Norvège, c'est ce qu'il y a de mieux et que tout le reste est trop dangereux.

— C'est dangereux de vivre, dit William en mangeant un bonbon, on peut en mourir. Mais va te coucher maintenant, tu peux dormir tranquille et reprendre des forces.

Je raccroche et avant de descendre rejoindre les autres au restaurant, je décide de m'allonger quelques minutes sur le canapé et m'endors aussitôt. Mon sommeil est aussi lourd que des pierres vieilles de cinq mille ans.

28

LA MINI-MOMIE

— *Ouh… ouh… ouh… ouh… ouh… ouh… ouh… ouh !*

Je sais que je rêve mais ça fait très réel.

— Ouh… ouh, dit une petite voix à mon oreille et pour une fois, je n'ai pas peur.

— Ouh… ouh, répète la petite voix de Thor.

J'ouvre les yeux et aperçois une forme enveloppée dans du papier toilette. Je fais comme si j'étais mort de peur.

— Tu savais que c'était moi ? demande Thor qui a utilisé au moins deux des rouleaux de papier toilette de papa pour se déguiser en momie.

— Je suis la mini-momie, dit Thor d'une voix dramatique.

— Quelle horreur ! Au secours ! J'ai peur ! dis-je en criant d'effroi.

Je suis dans mon lit et j'ai dû dormir une éternité. Ils n'ont sûrement pas voulu me réveiller et il fait nuit à nouveau.

— Je vais faire peur à papa, dit Thor tout fier en sortant de la chambre.

— Qui a pris les derniers rouleaux de papier toilette ? La voix de papa est très ferme.

Je me mets des bouchons d'oreilles et décide de dormir encore un peu, ou plutôt non, longtemps, très longtemps.

INFOS

PYRAMIDE

Les pyramides de Gizeh à côté du Caire ont presque 5 000 ans. C'est la seule des Sept Merveilles du monde de l'Antiquité qui existe encore. Les pyramides étaient les tombes des pharaons de l'Ancien Empire. Un vieux proverbe dit : « Les hommes craignent le temps mais le temps craint les pyramides. »

CHAMEAU

Presque partout en Égypte on peut louer des chameaux. Si tu attrapes mal au cœur à dos de chameau, prends un médicament contre le mal de mer. Ce n'est pas sans raison qu'on appelle les chameaux les « vaisseaux du désert ».

LE NIL

C'est le fleuve le plus long du monde. Il prend sa source à deux endroits au plus profond de l'Afrique et coule vers le nord jusqu'à la Méditerranée en traversant l'Égypte. C'est l'eau du Nil qui permettait aux Égyptiens de cultiver la terre et de se nourrir. Les crues du Nil étaient le symbole du renouveau. Les Égyptiens croyaient que les fleuves coulant vers le sud allaient dans le mauvais sens.

LOUXOR

Louxor fut la résidence principale de plusieurs grands pharaons. On y trouve à la fois le temple de Louxor en ville et, à l'extérieur, Carnac, l'un des sanctuaires les plus vastes. C'est intéressant d'imaginer la taille et la beauté d'autrefois de ces temples.

QURNA

Située sur la rive ouest du Nil près de Louxor, Qurna est une toute petite ville construite aux abords de la Nécropole des Nobles, là où on enterrait les gens importants. Dans les environs se trouvent aussi la Vallée des Rois et la Vallée des Reines, ainsi que de nombreux et très beaux édifices. De nombreuses tombes abritaient des trésors fabuleux, mais toutes ou presque ont été pillées au fil du temps, et personne ne sait aujourd'hui où se trouvent ces trésors.

TOUTANKHAMON

Toutankhamon est le plus connu des pharaons de l'Égypte antique, grâce à la découverte de sa tombe intacte dans la Vallée des Rois par l'archéologue Howard Carter. Celui-ci était sur le point d'abandonner ses recherches après six années de travaux infructueux lorsqu'il a découvert, en 1922, quelques marches s'enfonçant dans le sable à côté d'une autre tombe. C'est ainsi qu'il a mis au jour le plus important trésor funéraire jamais trouvé. Imagine le suspense que ça a dû être : « D'abord, on ne vit rien car l'air chaud de la chambre funéraire faisait vibrer la lumière, mais dès que mes yeux s'y habituèrent, les détails de la pièce se firent de plus en plus nets, des animaux bizarres, des statues en or – l'or brillait partout », a écrit Howard Carter.

Toutankhamon lui-même n'était pas un pharaon particulièrement important et est mort à l'âge de 18 ans. Imagine donc ce qu'il devait y avoir dans les autres tombes !

LA MALÉDICTION DE PHARAON

C'est une expression qui est née après l'ouverture de la tombe de Toutankhamon, parce que le bruit s'est répandu que beaucoup de ceux qui avaient participé à la découverte étaient morts de façon mystérieuse peu de temps après. Mais c'est sûrement des histoires car la moyenne d'âge des gens de l'expédition était de 76,3 ans, bien au-dessus de l'espérance de vie de l'époque. En revanche, la tourista ou diarrhée des voyageurs s'attrape très facilement en Égypte et surtout l'été.

COFFEE-HOUSE

Ce sont des lieux où les gens se retrouvent en Égypte : on y boit du thé ou du café et on joue à des jeux comme par exemple le backgammon. Du temps des pharaons aussi on jouait, et il était important de mettre des jeux dans les tombes.

COURS DE LANGUE SUPER RAPIDE

Voici quelques expressions en arabe d'Égypte. Elles sont simplifiées et il en existe de nombreuses variantes.

Bonjour : *salâm ʻalêkum*
(c'est-à-dire « que la paix soit avec toi »)
ou bien *ahlan wa sahlan* (c.-à.-d. « bienvenue »)

Au revoir : *maʻa-s salâma* (c.-à.-d. « va en paix »)

Oui : *aywa*

Non : *la'*

S'il te plaît / s'il vous plaît : *min fadlak* (à un garçon)
min fadlik (à une fille)
min fadlikum (à plusieurs personnes)

Je t'en prie / je vous en prie : *itfaddel* (à un garçon)
itfaddelî (à une fille)
itfaddelû (à plusieurs personnes)

Merci : *chukran*

Comment t'appelles-tu ? : *ismak 'êh ?* (à un garçon)
ismik 'êh ? (à une fille)

Je m'appelle ... *: ismî ...*

Chameau : *gamal*

LA VALLÉE
DES ROIS
QURNA
LA NÉCROPOLE DES NOBLES
LA VALLÉE DES REINES
LE NIL